**내 생각 한 문장으로
표현하는 말하기 연습**

초등 똑똑한 질문법

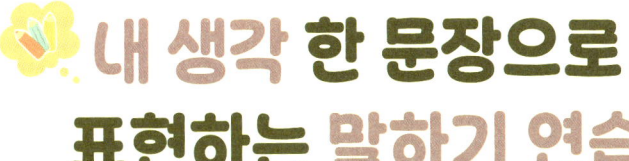

이현옥 · 이현주 글 ― 민그림 그림

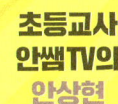
체인지업
CHANGEUP

| 초등교사 안쌤TV의 **안상현** 추천 도서 | 독서논술 라온쌤의 **오현선** 추천 도서 | 《초등 공부의 정석》 **박은선** 추천 도서 |

프롤로그

반짝반짝 빛날 미래의 여러분에게

"만일 나에게 문제를 해결할 1시간이 주어진다면, 나는 55분을 좋은 질문을 찾는 데 쓰겠다. 좋은 질문이 있다면 답을 찾는 데 5분이면 충분하다."

이 말은 유명한 과학자인 알베르트 아인슈타인이 남긴 명언이에요. 아인슈타인은 또 "끊임없는 질문이 가장 중요하고, 호기심은 그 자체만으로도 존재 이유가 있다."라고도 말했어요. 아인슈타인뿐만 아니라 미국 스탠퍼드대 부학장인 폴 킴 교수도 비슷한 말을 했어요.

"인공지능 Artificial Intelligence 시대에는
질문하는 능력이 핵심입니다."

전 세계에서 모인 뛰어난 대학생들을 가르치는 교수님도 학생에게 가장 필요한 자질로 '질문하는 능력'을 꼽았어요. 그리고 우리가 살아갈 인공지능 시대에는 그 누구도, 한 번도 하지 않은 질문을 할 수 있어야 한다고 덧붙였어요. 그래야만 스스로 탐구하고 깨우치는 능동적 학습을 할 수 있기 때문이지요. 지금까지는 주어진 질문에 알맞은 답을 찾는 것이 중요했지만, 이제는 완전히 달라졌어요. 그런데 이때 한 가지가 궁금할 수 있어요.

"좋은 질문은 어떻게 하는 걸까?"

나는 분명 질문왕이었는데, 학교에 오니 질문이 어려워지지 않았나요? 언제, 무엇을, 어떻게 물어봐야 하는지 잘 모르겠는데 알려 주는 사람이 없어요. 그렇다고 궁금한 것을 그때그때 전부 물어보기도 힘들 거예요. 그뿐인가요? 질문을 잘못하면 선생님께 혼나거나 친구들이 이상하다고 놀릴 것만 같은 기분이 들지요. 그러면 점점 질문하는 게 무서워지고, 어느새 선생님께서 묻는 것에 대답만 하고 있는 나를 발견하게 돼요. 밤하늘을 밝히는 별처럼 반짝거리던 나의 창의력이 빛을 잃게 되는 순간이지요.

《초등 똑똑한 질문법》은 질문이 어려운 여러분을 위한 책이에요. 미래를 살아갈 어린이들이 꼭 알아야 할 질문 방법을 담고 있지요. 이 책을 통해 공부를 잘하게 되는 질문, 창의력이 자라나는 질문, 친구와 마음을 나누는 질문, 사회가 보이는 질문, 내 마음과 친해지는 질문, 그리고 꿈과 목표에 한 걸음 다가가는 질문을 연습할 수 있어요. 선생님이 들려주는 이야기와 '질문왕의 비밀 TIP'을 차근차근 따라가다 보면 좋은 질문이 무엇인지 알게 되고, 나의 생각도 깊어진답니다.

그럼 이제부터 선생님과 함께 똑똑한 질문법을 연습해 볼까요?

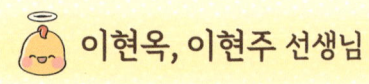 이현옥, 이현주 선생님

이 책의 활용법

이 책은 학교와 집에서 질문하는 힘을 길러 주고, 스스로 생각하고 표현할 수 있게 도와줘요. 다음 단계를 차근차근 따라해 보세요!

1단계 여러 가지 상황에 공감하기

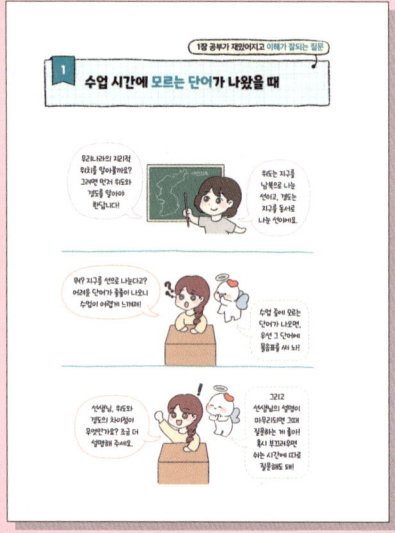

일상에서 아이들이 경험하는 다양한 상황을 만화로 재미있게 표현했어요.
"나도 이런 일을 겪은 적 있어!"
"나도 수업 시간에 그런 일이 있었는데!"
이렇게 자신의 상황과 비교하며 읽어 보세요.

2단계 질문이 중요한 까닭을 이해하기

설명글을 읽으며 질문이 필요한 까닭과 똑똑한 질문을 하는 방법을 익혀요.
이때 나라면 어떤 질문을 할지 떠올려 보면, 생각의 방향을 정하는 데 도움이 돼요.

3단계 질문을 따라해 보기

❓ 선생님, 위도와 경도의 가장 큰 차이점은 무엇인가요?

이 책에는 다양한 질문 예시가 들어 있어요. 예시 질문을 따라 쓰거나, 나만의 질문으로 바꿔 말해 보세요.

4단계 실전 팁 익히기

👑 질문왕의 비밀 TIP

어딘가에서 들어 본 단어는 내가 이미 알고 있다고 착각할 수도 있어. 그럴 때는 그 단어를 친구에게 설명할 수 있는지 확인해 봐. 자세히 설명할 수 있으면 아는 것이고, 그렇지 않으면 모르는 거야! 내가 확실히 아는 것을 찾는 게 '진짜' 질문의 시작이야.

'질문왕의 비밀 TIP'을 읽어 보며 내 질문 수준을 높여요.
실전에서 바로 써먹을 수 있는 팁으로, 꼭 기억하고 사용해 보세요.

프롤로그 반짝반짝 빛날 미래의 여러분에게 2
이 책의 활용법 6

★ 1장 ★
공부가 재밌어지고
이해가 잘되는 질문

1 수업 시간에 모르는 단어가 나왔을 때 14
2 궁금한 점이 생겼을 때 16
3 운동을 한 뒤 배가 고플 때 19
4 여행지에서 목적지를 찾아야 할 때 21
5 과학 시간에 질문이 망설여질 때 23
6 옛날과 오늘날의 차이가 궁금할 때 26
7 소설 속 인물의 행동이 이해되지 않을 때 29
8 친구의 발표를 듣고 궁금한 점이 있을 때 32
질문 노트 자신 있게 질문할 수 있나요? 34   최고의 질문왕 되기 38

★ 2장 ★
생각을 확장하는
창의력이 자라는 질문

1 남다른 아이디어가 필요할 때 42
2 인터넷으로 정확한 정보를 찾고 싶을 때 44
3 날씨가 이상하다고 느껴질 때 46
4 북극곰이 어디서 살아갈지 걱정될 때 48
5 여름이 점점 더워지는 이유가 궁금할 때 50
6 소문이 진짜인지 궁금할 때 52
7 좋아하는 영상만 반복해서 나올 때 54

질문 노트 질문은 왜 중요할까요? 56   **최고의 질문왕 되기** 60

★ 3장 ★
세상을 이해하는
사회가 보이는 질문

1 주소를 활용해 우편이나 택배를 보낼 때 64
2 공정하지 않은 일을 마주했을 때 66
3 디지털 기기를 올바르게 사용하고 싶을 때 68
4 식탁 앞에서 궁금증이 생길 때 70
5 마트에서 세일하는 물건을 사고 싶을 때 72
6 공평하지 못하다고 느낄 때 74
7 온라인에서 개인 정보를 보호해야 할 때 76

질문 노트 질문은 어떻게 하는 것인가요? 78   **최고의 질문왕 되기** 82

★ 4장 ★
친구와 친해지는
공감 능력을 키우는 질문

1 하고 싶은 놀이가 각자 다를 때　86
2 친구의 경험을 듣고 싶을 때　88
3 친구가 내 마음을 알아주지 않을 때　90
4 친구를 위로하고 싶을 때　92
5 친구와 갈등이 생겼을 때　94
6 친구의 진짜 속마음이 궁금할 때　96
7 친해지고 싶은 친구가 있을 때　98
8 나와 다른 친구가 낯설게 느껴질 때　100
9 친구와 약속을 할 때　102

질문 노트　자신 있게 질문할 수 있나요?　104　　최고의 질문왕 되기　108

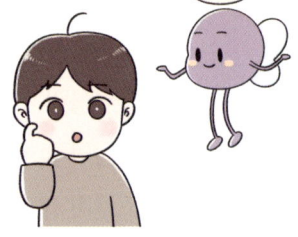

★ 5장 ★
내 감정과 친해지는
마음이 튼튼해지는 질문

1 아무 이유 없이 짜증이 날 때　112
2 잃어버린 물건을 찾지 못해 초조할 때　114
3 내 말이 무시당하고 있다고 느낄 때　116
4 감기에 걸렸을 때　118
5 부모님의 뜻이 이해되지 않을 때　120

6 해야 하는 일과 하고 싶은 일이 다를 때   122
7 다수의 의견과 내 의견이 다를 때   124

질문 노트 내 질문 수준을 알아봐요!   126   최고의 질문왕 되기   130

★ 6장 ★

꿈과 목표를 세우는
미래를 만드는 질문

1 내 꿈을 몰라 의욕이 사라졌을 때   134
2 내가 좋아하는 것을 알고 싶을 때   136
3 오늘보다 더 나은 내가 되고 싶을 때   139
4 올바른 습관을 만들고 싶을 때   142
5 직업에 대해 궁금할 때   144
6 무엇을 먼저 해야 할지 모를 때   146
7 마음먹은 목표를 지키지 못할 때   148

질문 노트 질문으로 새로운 생각이 시작돼요!   150
최고의 질문왕 되기   154

에필로그 질문이 능력이 되는 세상   156

질문을 멈추지 마라.
호기심은 그 자체로
존재 이유가 있다.

- 알베르트 아인슈타인 -

★ 1장 ★

공부가 재밌어지고
이해가 잘되는 질문

1장 공부가 재밌어지고 이해가 잘되는 질문

수업 시간에 모르는 단어가 나왔을 때

궁금한 것은 그때그때 물어보는 게 중요해

질문도 적당한 때에 하는 게 중요해!

선생님의 설명을 듣다가 모르는 단어가 나오면, 그때부터 머릿속이 복잡해지며 수업이 어렵게 느껴졌던 경험은 누구나 있을 거야. 선생님은 종종 새로운 개념을 설명해 주기 위해 어려운 단어를 써야 할 때도 있거든. 그럴 때는 그냥 넘어가지 말고, 질문을 통해 단어의 의미를 확인하는 습관을 들이는 게 좋아.

단, 선생님이 열심히 설명하고 계실 때 계속 질문을 하면 수업에 방해가 될 수 있어. 그러니 우선은 책에 물음표로 표시해 두고(밑줄 등 나만의 방법을 활용해도 돼), 수업 중 선생님이 질문이 있는지 물어보실 때나, 쉬는 시간을 활용해 질문하도록 해. 수업 시간에 꼭 물어보고 싶은 내용이 있다면, 선생님의 설명이 어느 정도 끝났을 때 조용히 손을 들어 질문해도 돼!

❓ 선생님, 위도와 경도의 가장 큰 차이점은 무엇인가요?

👑 **질문왕의 비밀 TIP**

어딘가에서 들어 본 단어는 내가 이미 알고 있다고 착각할 수도 있어. 그럴 때는 그 단어를 친구에게 설명할 수 있는지 확인해 봐. 자세히 설명할 수 있으면 아는 것이고, 그러지 않으면 모르는 거야! 내가 확실히 아는 것을 찾는 게 '진짜' 질문의 시작이야.

1장 공부가 재미있어지고 이해가 잘되는 질문

2 궁금한 점이 생겼을 때

와, 로봇이 진짜 수술을 하다니!

그러면 로봇도 의학을 공부한 건가? 이 로봇은 어떻게 배웠을까?

질문하니까 더 궁금해지고, 새로운 것을 알아가는 게 재밌어졌어!

질문을 하면 공부가 더 재밌어지지!

복잡한 작업을 처리하는 로봇

치킨을 바삭하게 튀겨 주는 튀봇, 무너진 건물 속에서 사람을 구하는 로보아, 수술 장면을 스스로 공부해 진짜 의사처럼 수술을 하는 의사 로봇까지!

요즘 세상에는 상상 속에나 있을 것 같던 똑똑한 로봇들이 우리 주변에서 실제로 활약하고 있어. 로봇들의 활약을 보면 **로봇이 어떻게 이런 일을 할 수 있지? 로봇도 공부를 하나?** 하는 생각이 들 때가 있어. 사실 로봇도 수많은 영상과 자료를 학습하면서 그 정보를 활용해서 우리처럼 판단하고 움직이는 거야. 이걸 보고 '인공지능이 공부하는 법'이라고 하지.

로봇을 보고 궁금한 점을 질문해 봐!

우리도 로봇처럼 정보를 잘 받아들이고, 그것을 어떻게 써먹을지 질문하고 생각하다 보면 훨씬 재미있고 똑똑하게 공부할 수 있어. 예를 들어, 이렇게 질문해 볼 수 있지.

이 로봇은 어떤 문제를 해결하기 위해 만들어졌을까? 나만의 로봇이 생긴다면 어떤 일을 시켜 볼까? 이 기술이 우리 생활을 어떻게 바꿔 줄까?

이런 질문에 대한 답을 찾기 시작하면, 공부는 세상을 새롭게 보고 이해하는 과정 속에서 자연스럽게 알아가는 지식이 될 거야.

처음에는 '계단도 못 오르는 깡통' 같았던 로봇도 계속 배우고 발전

해서 지금은 의사, 요리사, 구조대원으로도 활약하고 있어. 우리도 질문하고 생각하는 힘을 키우면, 무엇이든 스스로 해낼 수 있는 멋진 사람이 될 수 있다고!

❓ **로봇은 어떻게 사람처럼 똑똑해졌을까?**

👑 **질문왕의 비밀 TIP**

질문은 공부를 더 재미있게 해 줘. 공부를 할 때 뭐든지 무작정 외우려고만 하지 말고 '왜', '어떻게?', '무엇 때문에?' 하고 질문을 던져 봐. 그러면 복잡한 지식도 쉽게 이해할 수 있고, 기억에도 오래 남을 거야.

1장 공부가 재밌어지고 이해가 잘되는 질문

3 운동을 한 뒤 배가 고플 때

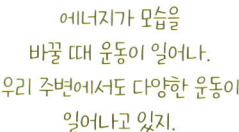

운동을 하고 나면 배가 고파!

달리기나 자전거 타기 같은 운동을 한 뒤에 배고픔을 느꼈던 적이 있을 거야. 우리 몸에 저장되어 있던 에너지가 다른 모습으로 바뀌었기 때문이야. 물체의 위치나 상태가 변화하는 것을 '운동', 일을 할 수 있는 능력을 '에너지'라고 해. 운동이 일어나려면 에너지가 반드시 필요하지. 에너지가 이렇게 저렇게 모습을 바꿀 때 운동이 일어나거든.

운동을 하기 위해서는 무조건 에너지가 필요하구나!

이런 에너지의 변화를 어떻게 발견하게 되었냐고? 그건 바로 관찰 덕분이야. 세상의 모든 발견은 관찰에서부터 시작해. 유심히 관찰한 뒤, 질문을 통해 생각을 넓혀 가는 거지.

에스컬레이터가 움직이면서 사람을 위아래로 이동시키는 것도 운동일까? 이때는 어떤 에너지가 변화한 걸까?

이렇게 관찰하고 질문하다 보면 운동과 에너지의 관계를 이해하게 될 거야. 그러다가 나도 모르게 새로운 규칙을 발견하게 될지도 몰라!

❓ 우리 주변에는 어떤 운동이 일어나고 있을까?

👑 **질문왕의 비밀 TIP**

어떤 원리를 새롭게 알게 됐을 때는 그것이 내가 원래 알고 있던 것과 어떻게 연결되는지, 또 무엇이 다른지 살펴보면 훨씬 쉽게 이해할 수 있어. '아는 만큼 보인다'라는 말처럼 이전에는 보지 못했던 것도 볼 수 있게 될 거야.

1장 공부가 재밌어지고 이해가 잘되는 질문

4 여행지에서 목적지를 찾아야 할 때

질문은 올바른 길을 알려줘!

낯선 여행지에서 길을 잃거나, 혼자 목적지를 찾아가야 한다면 누구든 당황할 거야. 이럴 때는 당황하지 말고 질문부터 떠올려보는 게 좋아. 좋은 질문은 길을 찾는 지도가 되거든. 지도나 스마트폰 앱을 보기 전에 먼저 이런 질문을 해 보자.

지금 내 위치는 어디일까? 내가 가려는 장소는 어디지? 어떻게 가는 게 가장 빠르고 안전할까? 이 길이 맞는지 누구에게 물어볼 수 있을까?

예를 들어, 프랑스 파리에서 에펠탑을 찾아간다고 상상해 봐.

'나는 지금 숙소 앞에 있고, 에펠탑에 가야 해. 오후 2시까지 도착해야 하니까 지하철을 타는 게 빠르겠어. 근처 안내 센터에 가서 한국어 안내 지도가 있는지 물어볼까?'

이렇게 자신에게 질문하며 생각을 정리하면, 어디서든 당황하지 않고 스스로 판단해서 목적지까지 갈 수 있는 힘이 생겨. 질문이 새로운 길을 열어 줄 거야.

❓ **나는 지금 어디에 있고, 어느 방향으로 가야 하지?**

> 👑 **질문왕의 비밀 TIP**
>
> 육하원칙을 이용해 질문하면 쉽게 답을 찾을 수 있어. 육하원칙이란 '누가, 언제, 어디서, 무엇을, 어떻게, 왜'를 묻는 여섯 가지 원칙이야. 이 원칙을 따르면 질문과 대답이 엉뚱한 곳으로 향하는 것을 막을 수 있어.

1장 공부가 재밌어지고 이해가 잘되는 질문

과학 시간에 질문이 망설여질 때

> 모르는 것을 알고자 하는 마음이 무엇보다 중요해!

어려운 과학 수업도 질문으로 배워 봐!

수업 시간에 어려운 내용이 나왔을 때 적극적으로 손을 들고 질문하는 친구도 있지만, 질문하는 게 힘들어 망설이는 친구도 있을 거야. '내 질문이 엉뚱하고 보잘것없어서 친구들이 비웃는 것은 아닐까?' 하는 생각에 움츠러들 수도 있어. 그래도 괜찮아! 누구나 처음은 어려운 법이니까. 하지만 그때마다 질문하지 않고 넘어가는 것은 좋은 습관이 아니야. 질문은 생각의 문을 여는 열쇠야. 열쇠를 사용해 문을 열지 않고, 모르는 것을 계속 모르는 채로 두면 앞으로 나아갈 수 없다고!

용기 있는 질문은 생각의 키우는 첫걸음

선뜻 질문할 용기가 나지 않는다면, 우선 질문이 무엇인지 마음속으로 되새겨 봐. 잘 모르는 내용이나 알고 싶은 내용을 물어보는 게 질문이야. 그러니까 모르는 내용을 질문하는 것은 부끄러운 일이 아니라고!

내 질문이 익숙하지 않고 복잡한 내용이라고 해서 겁먹을 필요는 없어. 선생님은 그것에 대해 충분히 연구하고 공부한 전문가이시거든. 전문가는 그 분야를 잘 모르는 사람도 이해하기 쉽게 설명할 수 있는 능력을 가지고 있으니 걱정하지 않아도 돼!

그래도 마음에 걸린다면, 질문하기 전에 이렇게 먼저 말해도 좋아.

조금 쉬운 질문일 수 있지만, 물어봐도 될까요?

용기를 낼수록 질문하기가 쉬워지고, 점점 더 의미 있는 질문을 할 수 있게 돼. 질문이 많다는 것은 생각이 자라고 있다는 뜻이야. 그러니 궁금한 것이 있다면 지나치지 말고 꼭 물어보자.

질문 한 문장이 너의 생각을 크게 바꿔 줄지도 모르니까!

❓ 블랙홀 안에서는 정말 시간이 흐르지 않을까?

👑 **질문왕의 비밀 TIP**

질문에는 정답이 없어. 정답이 없으니 맞고 틀린 것도 없지. 그러니까 '내가 틀린 질문을 한 것은 아닐까?' 하고 걱정하지 마. 그래도 용기를 내기 어렵다면 질문하기 전에 "저는 이 분야에 대해 잘 몰라요."라고 부족함을 인정하는 것부터 시작해 봐. 완벽한 질문을 해야 한다고 생각하면 부담이 되어 입을 떼기 어렵지만, 모르는 것을 알기 위해 질문하는 것이라면 가벼운 마음으로 물어볼 수 있을 거야!

1장 공부가 재밌어지고 이해가 잘되는 질문

6 옛날과 오늘날의 차이가 궁금할 때

옛날에는 성별과 신분에 따라 옷을 입었지만, 오늘날에는 개성을 살려서 입고 싶은 옷을 입어요.

옛날과 오늘날의 차이를 조사하면 사회의 흐름이 보여!

그러면 옛날에는 신분 때문에 입고 싶은 옷을 마음대로 입을 수 없었겠구나?

음식이나 집의 모습에도 차이가 있을까? 한번 알아봐야겠어.

좋은 생각이야!

옛날과 오늘날의 달라진 점을 비교해 봐!

과거의 생활 모습은 오늘날과 다른 점이 많아. 옛날에는 성별이나 신분에 따라 입을 수 있는 옷이 달랐지만, 오늘날에는 계절이나 직업, 개성에 따라 옷을 고를 수 있어. 예를 들어, 과거에는 왕이나 귀족만 곱고 화려한 옷을 입을 수 있었고, 신분이 낮은 사람은 검소하고 단순한 옷만 입었어.

오늘날 옷은 개인의 개성을 표현하는 수단이야.

하지만 지금은 누구든지 원하는 옷을 자유롭게 선택할 수 있지. 시간이 흐르면서 신분 제도가 사라지고, 성별이나 출신에 상관없이 누구나 학교에 다니게 되면서, 일정한 나이가 되면 원하는 직업을 갖는 생활 방식이 생겨났기 때문이야.

비교와 대조로 질문하면 더 많은 것을 알 수 있어

생활 방식은 옷차림뿐만 아니라 음식 문화에서도 많이 달라졌어. 냉장고가 없던 과거에는 음식을 오래 보관하기 힘들어서 그 계절에 나는 재료로 요리했어. 여름에는 오이, 겨울에는 무나 배추처럼 시기에 따라 나는 것을 먹었지. 그런데 지금은 냉장 기술과 유통이 발달해서 계절에 상관없이 딸기나 수박 같은 음식을 사계절 내내 먹을 수 있어. 또한 요리를 준비하는 방식도 달라졌어. 예전에는 불을 피우려면 장작을 준비해야 했지만, 지금은 가스레인지나 전자레인지로 쉽게 요리할 수 있어. 기술이 발전하며 생활이 편리해진 거야.

옛날과 오늘날은 무엇이 같고, 무엇이 다를까? 왜 그렇게 달라졌을까? 지금은 어떤 점이 더 좋아졌을까?

이처럼 비교와 대조를 하는 질문을 통해 공통점과 차이점을 더 뚜렷하게 알 수 있어. 과거와 오늘날의 생활이 어떤 점이, 어떻게, 왜 달라졌는지를 차근차근 생각할 수 있게 도와주지.

비슷한 점과 다른 점을 찾고, 그 이유까지 함께 생각해 본다면 훨씬 구체적이고 설득력 있게 주어진 문제에 대해 설명할 수 있어!

❓ **옛날과 오늘날 집의 모습이 다른 이유는 무엇일까?**

👑 **질문왕의 비밀 TIP**

비교와 대조를 통해 알게 된 내용을 도표로 표현하면 내용을 한눈에 파악할 수 있어. 공통점과 차이점을 나타낼 때는 영국의 수학자 벤이 생각해 낸 '벤 다이어그램'을 활용하면 좋아. 두 개의 동그라미를 절반 정도 겹치게 그리고, 동그라미가 겹치는 부분에는 공통점을, 나머지 부분에는 차이점을 적어 봐!

7 소설 속 인물의 행동이 이해되지 않을 때

1장 공부가 재밌어지고 이해가 잘되는 질문

이야기를 읽으면 질문이 시작 돼

이야기를 읽으면 마치 새로운 세상으로 여행을 떠나는 것 같아. 비행기를 타지 않고도 다른 나라로 가거나, 무엇이든 이루어주는 마법사를 만날 수도 있지. 하지만 때로는 인물이 왜 그런 행동을 하는지, 왜 그런 기분을 느끼는지 공감하기 어려울 때도 있을 거야. 그럴 때는 그냥 지나치지 말고, 나의 호기심을 자극하는 질문을 따라가 보는 것이 중요해.

<홍길동전>은 최초의 한글 소설로 알려져 있어!

우리가 잘 아는 옛이야기 <홍길동전>을 떠올려 보자. 양반집 서자로 태어난 홍길동은 아버지를 아버지라 부르지 못하고, 형을 형이라 부르지 못했어. 이 장면을 읽고 여러 질문이 떠오르지? 이처럼 이야기 속에서 자연스럽게 떠오르는 궁금증을 놓치지 않는 것이 바로 질문의 시작이야.

질문이 이야기를 깊이 있게 만들어 줘

다음 질문을 하나씩 던지며 이야기를 읽어 봐.

이 이야기의 시간적, 공간적 배경이 어떻게 되지? 아버지를 아버지라 부르지 못했던 홍길동의 마음은 어땠을까?

이런 궁금증은 소설의 전반적인 이해는 물론 이야기의 주인공과 더 깊이 공감하게 연결해 줘. 질문은 단지 답을 얻기 위한 도구가 아니야. 질문을 통해 인물의 행동과 감정을 더 잘 이해하게 되면, 이야기가 전해 주는 의미를 스스로 찾을 수 있어. 또한 **내가 홍길동이었다면 어떻게 행동했을까?** 처럼 자신의 경험이나 생각을 연결하며 읽는다면 이야기가 훨씬 더 생생하게 느껴질 거야. 그러다 보면 한순간 내가 마치 이야기 속 인물이 된 것 같은 경험을 할 때도 있어.

그 과정에서 인물의 감정을 이해하고, 상황의 의미를 파악하고, 때로는 나만의 해석과 생각을 펼쳐볼 수도 있지. 질문은 이야기와 나를 연결해 주는 다리야. 이 다리를 건너면 단순히 글자를 읽는 것을 넘어서 생각하고 느끼고 나누는 '깊이 있는 읽기'를 할 수 있어.

❓ 홍길동이 살았던 시대는 어떤 모습이었을까?

👑 **질문왕의 비밀 TIP**

이야기를 읽고 느낀 점을 친구들과 나누면 생각을 정리하는 데 도움이 돼. 사람마다 경험이나 생각이 다르기 때문에 같은 이야기를 읽더라도 다르게 느낄 수 있어. 나와 다른 감상을 가진 친구와 의견을 나누면 내가 미처 보지 못하고 놓친 것을 발견할 수 있고, 이야기를 더 잘 이해할 수 있게 돼.

1장 공부가 재밌어지고 이해가 잘되는 질문

8 친구의 발표를 듣고 궁금한 점이 있을 때

질문은 발표를 더 재미있게 해

자료의 출처를 물어보는 것도 좋은 질문이야!

　친구의 발표를 듣다가 문득 궁금한 점이 생길 때가 있어. 궁금증이 생겼다는 것은 네가 집중해서 발표 내용을 듣고 있다는 뜻이야. 한데 질문을 하면 친구가 대답을 못해서 민망해할까 봐 걱정이 되기도 해.

　하지만 궁금한 점을 솔직하게 질문하는 것은 발표자의 생각과 정보를 더 확실히 이해하는 방법이야. 질문을 할 때는 먼저 친구가 말한 내용 중 정확히 어떤 부분이 궁금했는지 스스로 짚어 봐. 예를 들어, 친구가 공룡에 대해 발표했다면, 이런 질문을 해 볼 수 있어.

날카로운 이빨은 오늘날의 어떤 동물과 비슷한가요?

　이처럼 발표를 잘 들은 뒤에 구체적인 질문을 던지면, 발표하던 친구도 "내 이야기를 진지하게 들어줬구나!" 하고 기뻐할 거야. 그러니 이제부터는 발표를 듣다가 궁금한 게 생기면 망설이지 말고 손을 들어 보자.

❓ **티라노사우루스는 주로 어떤 동물을 잡아 먹었나요?**

👑 **질문왕의 비밀 TIP**

발표를 듣다가 궁금한 점이 떠오르면 바로 메모해 두자. 나중에 질문하려고 하면 잊어버릴 수 있어. 질문할 때 최대한 공손한 말투로 하면, 듣는 발표자도 기분이 좋아져.

질문 노트   자신 있게 질문할 수 있나요?

 "엄마, 왜 하늘은 파래?", "강아지는 왜 멍멍 짖어?", "아빠는 왜 수염이 나는 거야?"

 여러분이 지금보다 더 어릴 때 부모님에게 한 번씩은 해봤을 질문일 거예요. 어린 시절에는 궁금한 것들이 참 많아요. 그리고 어른들에게 이렇게 물어볼 때마다 친절하게 대답해 주시기도 하고, "정말 대단한데?" 하며 칭찬도 많이 해주셨지요. 가끔은 뭐가 그리 궁금한 게 많냐고 핀잔도 들었을 거예요. 그래도 그때는 보이는 모든 것이 궁금하고, 호기심이 넘치는 시절이었어요.

 시대를 초월한 천재라 불리는 알베르트 아인슈타인Albert Einstein은 질문을 중요하게 생각했어요. 그는 "질문이 정답보다 중요하다. 가장 중요한 것은 질문을 멈추지 않는 것이다."라며 질문의 중요성을 강조했어요. 또 위대한 철학자인 소크라테스Socrates는 질문하고 대답하는 과정을 통해 학생들을 가르쳤어요. 질문을 통해 생각을 끌어내는 방법이지요.

★ 소크라테스의 질문법

 혹시 과일을 좋아하니?

네, 저는 사과를 좋아해요.

 너는 왜 사과를 좋아하게 되었니?

어릴 때 엄마가 주셨는데 아주 맛있었거든요.

 사과가 왜 맛있었을까?

사과를 주는 엄마가 사랑의 눈길로
나를 보고 있었거든요.

 그러면 이제 네가 사과를 좋아하는 이유를 알겠구나!

사과를 생각하면, 어릴 때 따뜻했던
엄마와의 추억이 떠올라요. 엄마의 사랑이
떠올라서 사과를 좋아하는 것 같아요.

소크라테스는 끊임없이 질문을 던지고 답을 찾아가는 것이 인생이라고 했어요. 앞의 대화에서 어떤 친구가 사과를 좋아하는 이유를 찾은 것처럼 말이지요. 또 나만의 답을 찾기 위해 끊임없이 질문을 던질 줄 알아야 한다고도 말했어요.

어릴 때 우리는 소크라테스 선생님처럼 모든 게 궁금했을 거예요. 궁금한 것이 생기면 부모님이나 선생님에게 꼭 물어봐야 기분이 풀렸던 것처럼요.

"그런데 지금도 여전히 궁금한가요?"

미국의 44대 대통령인 버락 오바마는 우리나라에서 열린 'G20 정상회의'에서 질문을 받은 적이 있어요. 그때 훌륭하게 회의를 개최한 우리나라의 기자들에게 먼저 질문할 기회를 줬어요. 특종을 잡을 아주 좋은 기회였어요. 그런데 그 누구도 질문을 하지 않았어요. 두 번이나 기회를 주었지만, 아무도 질문하지 않은 거예요. 결국 기회는 중국 기자에게 돌아갔답니다.

아주 중요한 순간에 아무것도 묻지 못했던 경험은 한 번씩 있을 거예요. 학교에서 경험했던 순간들을 떠올려 보세요. 언젠가부터 주변이 신경 쓰이며 질문을 머뭇거리게 되었어요. 더욱이 엉뚱한 질문을 했을 때 친구들이 놀리거나 선생님께 혼난 일이 있다면, '이런 걸 물어보면 친구들이 비웃지 않을까?' 하는 생각이 먼저 들 거예요.

그렇게 점점 선생님의 질문에만 대답하는 친구가 늘어나면, 스스로 질문하는 친구는 줄어들어요. 요즘은 선생님이 질문하라고 말해도 아무도 질문하지 않아 교실이 조용하답니다. 그렇게 세상의 모든 것이 궁금했던 우리가 점점 질문이 어려운 사람이 되어 간다는 것은 정말 슬픈 일이에요. 질문은 우리 인생에서 정말 중요하거든요. 이제부터는 다시 두 눈에 호기심을 가득 채우고, 질문하는 방법을 배워 봐요. 여기 이 책과 함께라면 금방 질문왕이 될 수 있을 거예요.

최고의 질문왕 되기

문장을 읽었다고 의미를 다 안다고 생각하는 것은 착각이에요!

단어를 하나하나 따져가며 생각해보고 그 뜻을 정확하게 알아야 하지요. 그래야 정말 아는 것입니다.

문장을 읽으면서 물음표를 하나씩 붙여 보는 것도 좋은 방법이에요. 그 내용에 대해 다른 사람에게 혹은 스스로에게 설명할 수 있으면 정말로 아는 것이지요.

스스로 설명하다가 막히는 부분이 생겼을 때는 바로 질문하면 돼요! 좋은 질문은 내가 아는 것과 모르는 것을 구분하는 것부터 시작된답니다.

우리가 세상에 대해
알게 되는 것은
질문을 통해서이다.

- 이디스 해밀턴 -

★ 2장 ★

생각을 확장하는
창의력이 자라는 질문

2장 생각을 확장하는 창의력이 자라는 질문

1 남다른 아이디어가 필요할 때

세기의 발명품도 작은 궁금증에서 시작 돼!

불편함을 어떻게 하면 편하게 바꿀 수 있을지 생각해 봐!

보통 뛰어난 발명품은 아무나 만들 수 없다고 생각해. 하지만 조금만 다르게 생각하고 질문하면 누구나 뛰어난 아이디어를 낼 수 있어. 생활 속에서 불편한 것을 찾아서 고치는 게 발명의 시작이니까!

스위스의 전기 기술자 '조르주 드 메스트랄'이라는 사람은 어디에나 잘 달라붙는 엉겅퀴 씨앗을 보고 옷이나 주머니에 붙는 찍찍이 즉, '벨크로'를 발명했어. 또 독일의 식물학자인 '빌헬름 바르트로프'는 물이 잘 스며들지 않는 연잎을 보고 방수 페인트를 만들었어.

이제부터는 우리 주변의 크고 작은 문제에 관심을 기울이며 불편 사항들을 틈틈이 아이디어 노트에 적어 봐. 그리고 친구들과 대화하면서 알게 된 불편 사항에 대해서도 어떻게 하면 해결책을 찾을 수 있을까 고민해 봐. 사소한 것부터 궁금증을 가지고 해결해 나가면, 복잡하고 어려운 문제를 만났을 때도 쉽게 풀어갈 수 있을 거야.

❓ 최근 학교 가는 길에 가장 불편했던 점은 무엇이지?

👑 질문왕의 비밀 TIP

일부러 불편한 상황을 만들고 그 안에서 고민하다 보면 새로운 아이디어를 쉽게 떠올릴 수 있어. 예를 들면 '3가지 재료만으로 요리하기', '6가지 색의 물감으로 10개 이상의 색깔을 가진 그림 그리기'처럼 말이야. 이런 활동은 창의력을 키우는 데 좋아!

2 인터넷으로 정확한 정보를 찾고 싶을 때

2장 생각을 확장하는 창의력이 자라는 질문

'왜?'라고 물어보면 진짜가 보여!

TV, 컴퓨터, 스마트폰은 우리에게 뉴스, 재미있는 영상, 친구와의 소통을 도와주는 아주 편리한 도구야. 하지만 그 속에 있는 모든 정보가 다 맞는 것은 아니야. 어떤 내용은 사실처럼 보이지만, 알고 보면 '가짜 뉴스'일 수도 있어. 그래서 정보를 그냥 믿기보다는 **정말 맞는 이야기일까? 이 내용은 누가 처음 말한 걸까?** 하고 스스로 질문하는 습관이 아주 중요해.

온라인을 똑똑하게 쓰려면 항상 의문을 가져야 해!

예를 들어, "○○을 먹으면 키가 무조건 큰대!"라는 영상을 봤다면, **먼저 왜 그런 말이 생겼을까? 진짜 전문가가 한 말일까?** 하고 의심해 보는 거야. 그리고 궁금한 게 생기면 문제점과 알고 싶은 핵심이 무엇인지 파악한 후 문장을 정리해서 검색해 봐.

또, 온라인에서 한번에 찾은 정보를 '정답'이라고 무조건 믿지 말고, 다른 자료도 함께 찾아보는 게 좋아. 여러 관점에서 살펴보면 더 넓게 생각할 수 있고, 틀린 정보를 피할 수도 있거든.

❓ 내가 찾은 정보는 얼마나 정확한 것일까?

👑 **질문왕의 비밀 TIP**

좋은 질문은 좋은 답을 불러온다! 궁금한 것을 그냥 넘기지 말고, 질문으로 다시 생각해 보자. 질문하면 정보가 더 정확해지고, 생각도 자라나게 돼. 스스로 묻고, 제대로 찾고, 다시 확인하는 것, 그것이 똑똑한 인터넷 사용의 시작이야.

2장 생각을 확장하는 창의력이 자라는 질문

3 날씨가 이상하다고 느껴질 때

> 지금 당장, 지구를 지키기 위한 질문을 시작해야 해!

요즘 날씨, 뭔가 이상하지 않아?

이상하게 요즘은 겨울이 늦게 오고, 여름은 너무 길게 느껴져. 비도 갑자기 퍼붓고, 태풍은 더 세지고, 기온도 들쭉날쭉해. 사실 이런 현상은 그냥 우연이 아니야. 지구온난화, 즉 지구가 점점 더워지고 있다는 증거야.

최근에 국제 학술지 <네이처>에서 '지구온난화 때문에 지구의 자전 속도도 느려지고 있다'라는 놀라운 발표를 했어. 빙하가 녹으면서 녹은 물이 옆으로 퍼지고, 그 영향으로 지구가 돌 때 중심이 바뀌어서 조금씩 더 천천히 회전하게 된 거야.

인간은 늘 자연의 도움을 받으며 살기 때문에 자연이 아프면 결국 사람도 힘들어져. 그러니 **어떻게 하면 자연을 보호할 수 있을까? 내가 자연을 아프게 한 적은 없을까?** 하는 질문을 통해 지구와 환경을 지키기 위한 노력을 지금 바로 시작해야 해.

❓ **내가 자연환경을 위해 지금 당장 할 수 있는 일은 뭘까?**

👑 **질문왕의 비밀 TIP**

자연은 당연히 우리 곁에 있는 것이 아니야. 우리가 숨 쉬고 살아갈 수 있도록 도와주는 소중한 자연도 한순간에 망가질 수 있어. 더 늦기 전에, 우리 모두 자연을 지키기 위해 할 수 있는 일을 질문해 봐.

2장 생각을 확장하는 창의력이 자라는 질문

4 북극곰이 어디서 살아갈지 걱정될 때

북극의 날씨는 왜 자꾸 따뜻해질까?

예전에는 '북극' 하면 하얀 눈밭 위를 걷는 북극곰이 가장 먼저 떠올랐어. 그런데 요즘은 지구온난화 때문에 북극의 눈과 얼음이 빠르게 녹고 있어. 기온이 높아지면서 북극곰이 살던 땅이 점점 사라지며, 심지어 북극곰과 불곰 사이에서 새롭게 태어난 곰들까지 발견되었어!

북극은 지구에서 기후 변화가 가장 빠르게 나타나는 지역이야.

이렇게 기후가 바뀌면 동물들의 보금자리와 먹이, 살아가는 방식까지 모두 달라져. 북극곰뿐만 아니라 다른 동물들도 새로운 환경에 적응하느라 힘들어지지. 어떤 동물은 점점 사라질 수도 있어. 그렇게 되면 서로 연결된 자연의 균형, 생태계 전체가 흔들리게 되는 거야.

그래서 우리는 환경에 꾸준히 관심을 가져야 해. 가장 중요한 것은 **왜 이런 일이 일어나는 거지? 내가 할 수 있는 일은 없을까?** 하고 질문을 멈추지 않는 거야. 그 질문이 새로운 생각의 씨앗이 되고, 지구를 지키는 멋진 행동으로 이어질 수 있거든!

❓ 날씨가 점점 따뜻해지면, 북극곰은 어디서 살아야 하지?

👑 질문왕의 비밀 TIP

우리 주변의 작은 현상에도 궁금증을 가져야 해. 주변 일들을 당연히 받아들이지 말고 끊임 없이 고민하고 질문을 계속해. 그러면 어느새 지구를 지키기 위한 답도 찾을 수 있을 거야.

2장 생각을 확장하는 창의력이 자라는 질문

5 여름이 점점 더워지는 이유가 궁금할 때

여름 날씨를 결정하는 게 고기압이라고?

요즘 우리나라는 여름이면 마치 동남아처럼 덥고 습하다는 느낌이 들어. 이런 변화의 중심에는 바로 '고기압'이 있어. 우리나라 날씨는 크게 두 가지 고기압의 싸움에 달려 있는데, 하나는 차가운 오호츠크해 고기압, 다른 하나는 따뜻하고 습한 북태평양 고기압이야. 둘이 밀고 당기기를 하다가 이긴 고기압 쪽의 성격이 우리나라 날씨에 영향을 주는 거지. 그런데 최근에는 우리나라 주변의 바다가 뜨거워지고 있어서 습하고 더운 북태평양 고기압이 점점 더 강해지고 있어. 그래서 여름이 예전보다 길고 더운 데다, 비도 많이 오는 날이 늘고 있지.

이런 기후에 대해 더 잘 이해하려면 어떻게 질문해야 할까? 어려운 말을 들었을 때는 '가장 많이 나온 단어'를 이용해서 질문을 만들어 봐.

예를 들어, **고기압은 날씨에 어떤 영향을 주나요? 왜 북태평양 고기압이 강해지면 여름이 더 더워지나요?** 이렇게 핵심어를 넣은 질문은 문제를 더 쉽게 정리하고, 정확하게 이해하는 데 큰 도움이 돼!

❓ 북태평양 고기압과 우리나라 여름 날씨는 무슨 관계일까?

> **👑 질문왕의 비밀 TIP**
>
> 모르는 게 많을수록 질문이 많아야 해! 선생님이 자주 말한 단어, 설명에 자주 나왔던 말을 잘 기억해 봐. 그 말을 넣어서 "왜?", "어떻게?"라고 물어보면 똑똑한 질문이 만들어지고, 복잡했던 내용이 한눈에 보여!

6 소문이 진짜인지 궁금할 때

2장 생각을 확장하는 창의력이 자라는 질문

윤동주 시인에 대한 잘못된 정보를 구분해!

의견을 사실처럼 말하는 가짜 정보를 조심해야 해!

　윤동주 시인은 우리나라를 대표하는 시인 중 한 명이야. 〈하늘과 바람과 별과 시〉라는 유명한 시집을 남겼어. 그는 나라를 빼앗긴 슬픔 속에서도 맑고 순수한 마음으로 조국을 사랑했던 시인이지. 그런데 최근 인터넷에 윤동주 시인의 고향에 '중국 조선족 애국 시인'이라고 쓰인 표지판이 있는 사진이 올라왔어. 그 사진을 보면, "어? 윤동주 시인이 중국 사람이었어?" 하고 헷갈릴 수 있어.

　이럴 때는 인터넷의 정보가 '사실'인지 '의견'인지 구분할 줄 알아야 해! 예를 들어, '윤동주 시인은 중국인이다'라는 정보는 사실처럼 보일 수 있지만, 실제로는 사실이 아닌 몇몇 사람의 주장이야. 뉴스 기사, 역사 책, 공공기관의 자료처럼 믿을 수 있는 곳에서 나온 정보를 확인해야 진짜 사실인지 알 수 있지. 우리 주변에 떠도는 정보나 소문이 진짜 사실인지 알려면 일단 이렇게 물어봐야 해!

❓ 그 이야기는 어디서 확인할 수 있지?

> **👑 질문왕의 비밀 TIP**
>
> 사람들은 가끔 자기 생각을 사실처럼 말하기도 해. 그럴 때는 "그게 어디서 시작된 이야기야?" 하고 출처나 자료를 확인해 보는 습관이 중요해! 사실과 의견을 구분할 줄 아는 사람이 진짜 멋진 질문왕이야!

2장 생각을 확장하는 창의력이 자라는 질문

7 좋아하는 영상만 반복해서 나올 때

때로는 익숙하지 않는 정보도 찾아보는 게 어때?

점점 내가 좋아하는 것만 보게 돼!

유튜브를 보다 보면, 비슷한 동영상만 연속해서 나오지 않아? 관심 있는 아이돌 영상이나 인기 있는 챌린지를 보면 그다음부터도 계속 비슷한 영상이 나와. 바로 '알고리즘' 때문이야. 알고리즘은 내가 좋아할 만한 내용을 골라서 추천해 주는 똑똑한 시스템이지.

한편으로는 편리하지만, 계속 똑같은 영상만 보게 되면 다른 주제나 생각을 접할 기회가 줄어들어. 그러면 세상을 보는 힘이 약해질 수 있어. 예를 들어, 어떤 영상에서는 '이런 얼굴이 가장 예쁘다!'라고 정해 버리기도 해. 그러면 그 기준에 안 맞는 다른 얼굴은 별로인 것처럼 느껴질 수 있지. 사람마다 얼굴, 키, 몸, 피부색은 모두 다른데 말이야!

내가 알고리즘이 정한 '한정된 것'만 보고 있는 것은 아닐까?

이렇게 질문해 보면 내가 무엇을 보고, 무엇을 보지 못하고 있는지 스스로 점검할 수 있어.

❓ *혹시 다른 중요한 생각과 정보를 놓치고 있는 것은 아닐까?*

👑 질문왕의 비밀 TIP

늘 같은 것만 보면, 다른 방향의 생각을 모를 수도 있어. 폭넓은 정보를 열린 생각으로 받아들이기 위해서는 알고리즘을 피해야 할 때도 있지. 그게 진짜 똑똑한 디지털 사용의 시작이야!

질문 노트 　 질문은 왜 중요할까요?

　영국의 철학자인 프랜시스 베이컨Francis Bacon은 '신중한 질문은 지혜의 절반'이라고 말했어요. 또 자기 계발 책의 작가로 유명한 토니 로빈스Tony Robbins는 "훌륭한 질문은 인생을 바꿀 힘을 가지고 있다."라고 했어요. 그만큼 우리가 살아가는 데 가장 중요한 것이 질문이라는 뜻이에요.

　모든 게 궁금했던 어릴 때처럼 궁금한 게 생겼을 때마다 무작정 질문해도 좋지만, 우리는 학교에 다니는 학생이니 체계적으로 똑똑하게 질문하는 방법을 배워서 활용해 봐요. 그런데 왜 똑똑하게 질문하는 게 중요할까요?

　챗GPTChatGPT라고 들어봤지요? 세계에서 가장 유명한 대화형 인공지능이에요. 챗GPT는 아마도 가장 빠르게 세상을 바꾸고 있는 도구일 거예요. 그런데 이 친구는 정확하게 질문할수록 올바른 답을 줘요. 그래서 제대로 된 답을 찾으려면, 어떻게 질문할지를 먼저 고민해야 해요. 다음 예시를 보세요.

 "왜 하늘은 파래?"

 "하늘이 파란 이유는 태양의 빛이 공기 속 먼지 같은 것들과 만나 퍼지기 때문이에요. 이렇게 빛이 흩어지면 그 속에 파란색이 가장 강하게 나타나서 하늘이 파랗게 보입니다."

이번에는 질문을 바꿔 볼게요.

 "하늘이 정말 파래?"

 "하늘이 정말 파란 것은 아니에요. 사실 하늘의 색은 대기에서 빛이 어떻게 흩어지는지에 따라 바뀌니까요. 주로 짧은 파란색 빛으로 더 많이 흩어져 파랗게 보이는 거예요. 하지만 실제로 하늘의 색은 더 복잡하고, 빛에는 다른 파장도 함께 섞여 있답니다. 그래서 시간이나 조건에 따라 보라색이나 분홍색 또는 주황색 하늘도 볼 수 있어요."

이처럼 인공지능이 답변한 두 가지 질문의 대답은 서로 비슷해요. 하지만 '왜 하늘이 파랄까?'라는 첫 번째 질문은 하늘이 파란 이유에 대해 말해 주고 있어요. 그리고 '하늘이 정말 파랗냐?' 하는 두 번째 질문에는 하늘의 색깔에 대한 조금 더 자세한 대답을 해 줘요. 이렇게 챗GPT는 사용자의 질문에 따라 다르게 답변을 해요.

첫 번째 질문과 답을 읽으면 '하늘은 파랗다'라고 생각하던 자기 생각이 바뀌지 않아요. 하지만 두 번째 질문의 답을 보면 하늘을 파랗다고만 할 수 없어요. 파란 부분이 많이 보이는 것일 뿐 특정 시간에 따라 다른 색을 볼 수 있다는 것을 알게 되었기 때문이지요. 신기하게도 질문에 따라 알 수 있는 지식이 많아지네요.

지금은 궁금한 게 있으면 인터넷에서 찾아보지만, 앞으로는 점점 인공지능이 답을 알려줄 일이 늘어날 거예요. 그렇다면 어떻게 질문하느냐에 따라 우리가 알 수 있는 내용이 많이 바뀔 수밖에 없어요. 그래서 미래 사회에는 질문하는 능력이 점점 중요해져요. 질문을 다루는 '인공지능 프롬프트 엔지니어'가 유망

직종으로 떠오른 것만 봐도 질문이 얼마나 중요한지 알 수 있어요. 우리는 이제 답을 잘 찾는 사람이 아니라, 인공지능 시대에 어울리는 질문을 잘하는 사람이 되어야 해요!

최고의 질문왕 되기

    우리는 질문을 통해 모호하거나 불확실한 부분을 명확히 짚고 넘어갈 수 있어요. 질문을 통해 자세한 사항을 더 잘 파악할 수 있기 때문이에요. 질문은 겉핥기식 이해를 넘어서 깊이 있는 지식을 얻을 수 있게 도와줘요.

    질문을 하면 새로운 지식이 알고 있던 지식과 어떻게 연관되는지를 이해할 수 있어요. 그러다 보면 질문하기 전에는 보이지 않았던 전체적인 부분이 보이기 시작한답니다.

질문은 대답보다
더 많은 것을
가르쳐 준다.

- 루이 파스퇴르 -

★ 3장 ★

세상을 이해하는 사회가 보이는 질문

3장 세상을 이해하는 사회가 보이는 질문

1 주소를 활용해 우편이나 택배를 보낼 때

주소를 살펴보면 우리나라 시·도가 보여

주소는 왜 이렇게
길고 복잡할까?

　택배나 우편을 보낼 때는 가장 먼저 상대방의 '주소'를 확인해야 해. 정확한 주소를 적어야 우편물이 목적지까지 안전하게 갈 수 있거든.

　주소는 보통 '○○시 ○○구 ○○동 111-1 ○○○아파트 111동 11호' 이런 식으로 되어 있어. 우리나라에는 이름이 비슷하거나 같은 동네와 아파트가 정말 많아. 그래서 꼭 '시'와 '구'까지 정확하게 써 줘야 하지.

　택배나 우편에 쓰인 주소를 자세히 본 적 있어? 우리나라 주소가 왜 이렇게 세세히 구분돼 있는지 궁금증을 가져 봐. 이처럼 일상에서 무심코 지나친 것들에 '왜?'라는 질문을 할 줄 알아야 해. 단순히 주소에서 시작한 궁금증은 **서울특별시는 언제부터 특별시가 되었을까? 특별시와 광역시의 차이는 뭘까?** 하고 확장되며 더 많은 것을 알려줘.

❓ 우리나라 주소는 왜 이렇게 세세하게 나누어져 있을까?

👑 질문왕의 비밀 TIP

일상에서 당연하게 여겼던 것도 호기심을 가지고 질문하기 시작하면 새로운 정보를 알 수 있어. 만약 친구가 '대구특별시 달성동' 이렇게 주소를 잘못 알려 주더라도 뭔가 이상하다는 것을 한눈에 파악할 수 있을 거야. 대구는 특별시가 아닌 광역시거든!

3장 세상을 이해하는 사회가 보이는 질문

2 공정하지 않은 일을 마주했을 때

급식실에서 새치기를 하는 친구를 봤을 때 어떤 생각이 들어?

배가 많이 고파서 새치기를 했을 수도 있지만, 아무리 그래도 민우의 행동은 옳지 않은 것 같아.

모두가 불편하지 않은 공정한 사회를 만들기 위해서는 어떻게 해야 할까?

자기 편리에 의해 모두 마음대로 행동하면 공정하지 않은 사회가 될 거야.

공정은 함께 살기 위한 약속이야

> 공정한 사회를 위해서라면 나부터 질서를 지켜야겠지?

배가 고프거나 마음이 급하다는 이유로 남들보다 먼저 급식을 받고 싶은 마음이 들 때도 있어. 하지만 기다리던 친구들은 억울한 마음이 들어. 그 이유는 바로 공정하지 않다고 느꼈기 때문이야.

공정하다는 것은 법 앞에서 누구나 똑같이 대우받고, 출신이나 성별, 가진 것과 상관없이 기회를 똑같이 가질 수 있는 것을 말해. 모두가 같은 규칙을 지키고, 서로를 존중할 때 진짜 공정한 사회가 되는 거야.

우리 주변에서 일어나는 공정하지 않은 일은 무엇이 있을까? 공정한 사회를 만들기 위해 내가 할 수 있는 일은 뭘까?

이런 질문의 답을 찾기 위해서는 우리 사회의 제도를 살펴보면 좋아. 어떤 제도를 만들고 시행하는지 관심을 가지고 들여다보면, 새로운 아이디어나 내가 실천할 수 있는 일이 떠오를 수도 있어.

❓ 급식실에서 친구의 새치기를 막으려면 어떻게 해야 할까?

👑 질문왕의 비밀 TIP

공정한지 아닌지를 따져 볼 때는 누구에게 더 유리하거나 불리하지 않았는지, 모두에게 기회가 똑같이 주어졌는지 생각해 보면 돼. 이러한 질문을 통해 주어진 상황을 더욱 바르게 판단할 수 있어.

3장 세상을 이해하는 사회가 보이는 질문

디지털 기기를 올바르게 사용하고 싶을 때

디지털 기기는 안전하고 똑똑하게 사용하기

나만의 스마트폰 사용법을 연구해 봐!

친구랑 채팅도 하고, 동영상도 보고, 궁금한 내용은 금방 검색해서 알 수 있는 스마트폰! 너무 편해서 손에서 떼기 힘들 때도 있어. 하지만 디지털 기술이 항상 좋은 것만은 아니야. 가짜 뉴스를 믿게 되거나, 인터넷 게임에 너무 빠져서 공부에 집중을 못하게 될 때도 많아. 또 누군가는 디지털 기기를 잘 쓰지 못해 소외되기도 하지. 차라리 스마트폰을 안 쓰는 게 나은지 고민하기도 하지만 그러기는 쉽지 않은 일이야.

어떻게 하면 디지털 기기를 안전하고 똑똑하게 쓸 수 있을까?

스마트폰을 안 쓰면 사람들과 어떻게 연락할지, 온라인 수업은 어떻게 듣고, 어디서 정보를 찾을지 등을 먼저 고민해 봐. 그런 후, '나만의 스마트폰 사용 철칙'을 만들어 보는 것은 어떨까? 무작정 안 쓰기보다는 스마트폰을 똑똑하게 활용하는 방법에 집중한다면, 더 좋은 해결책이 떠오를 거야.

❓ 편리한 만큼 잘 사용해야 할 스마트폰, 현명하게 쓰는 방법은 뭘까?

👑 **질문왕의 비밀 TIP**

어떤 일을 그냥 하지 않거나 무조건 하는 게 아니라, 더 좋은 선택을 하기 위해 끊임없이 질문하면, 너만의 똑똑한 기준이 만들어져. 이런 방식으로 너만의 생활 철칙을 하나씩 만들어 봐!

3장 세상을 이해하는 사회가 보이는 질문

4 식탁 앞에서 궁금증이 생길 때

> 우리나라에서 바나나를 키우면 가격이 비쌀 수밖에 없을 거야.

무역으로 서로 필요한 물건을 교환해!

부드럽고 달콤해서 간식으로 인기가 많은 과일인 바나나는 우리나라에서 자라지 않아! 우리가 바나나를 매일 먹을 수 있는 이유는 바로 '무역' 덕분이지. 무역이란 다른 나라와 물건을 사고파는 일이야. 우리는 바나나를 키우는 나라와 거래를 해서 바나나를 사 와. 예전에는 바닷길이나 실크로드를 따라 물건을 옮겼지만 지금은 비행기와 배, 인터넷 덕분에 훨씬 쉽고 빠르게 물건을 주고받을 수 있지.

우리나라는 왜 바나나를 직접 키우지 않고, 외국에서 가져올까?

우리나라에서 바나나를 키우려면 비용도 많이 들고, 기후가 맞지 않아 바나나가 잘 자라지 않을 거야. 이럴 때는 바나나가 잘 자라는 나라에서 바나나를 사 오고, 우리나라는 자동차나 반도체처럼 잘 만드는 걸 팔아서 서로 돕는 게 편리하지. 이렇게 서로 잘하는 것을 주고받는 게 바로 무역이야!

❓ 바나나가 대부분 외국산인 이유는 무엇일까?

👑 질문왕의 비밀 TIP

무역에 대해 알고 싶다면 이런 궁금증을 가져 봐. "왜 이 물건은 꼭 외국에서 사 와야 하지?" "우리나라는 다른 나라에 어떤 물건을 팔 수 있을까?" 이런 질문을 하면 서로 연결된 넓은 세상이 보이며, 무역을 더 잘 이해할 수 있어.

> 3장 세상을 이해하는 사회가 보이는 질문

5 마트에서 세일하는 물건을 사고 싶을 때

앗, 수박을 하나 더 준다고? 당장 사야겠다!

그렇지만 혼자서 먹기에는 많은 양이잖아?

물건을 살 때는 왜 필요한지, 어디에 쓰는지 말할 수 있어야 해.

많이 사면 남아서 버릴 수 있으니까, 필요한 만큼만 살게!

합리적으로 소비하는 게 중요해

기분에 따라 충동적으로 물건을 사는 것은 좋지 않아!

예전에는 수박을 팔 때 무조건 한 통을 팔았어. 그런데 요즘 마트나 편의점에서는 수박을 반으로 잘라 팔기도 해. 1~2인 가구, 즉 혼자 살거나 가족 수가 적은 집이 많아졌기 때문이야.

큰 수박은 다 먹지 못하고 남기게 되니까, 필요한 만큼만 살 수 있도록 작게 나온 수박이 인기를 끌고 있지. 이처럼 '내게 진짜 필요한 만큼만' 고르는 능력이 바로 합리적인 선택이야.

왜 이 물건을 사고 싶을까? 정말 필요한 물건을 고르고 있나?

요즘은 예쁘게 포장된 물건도 많고, 할인도 다양해져서 충동적으로 물건을 사게 되는 경우가 많아. 물건을 사기 전에 자신에게 이런 질문을 던지면, 실수를 줄이고 낭비되는 돈과 버려지는 물건도 줄일 수 있어.

❓ **이 물건이 나에게 꼭 필요할까?**

👑 **질문왕의 비밀 TIP**

물건을 살 때는 "내가 이 물건을 왜 선택했지?", "이것을 사면 나한테 어떤 도움이 될까?" 하고 스스로 물어봐. 이런 질문의 시작은 똑똑하고 현명한 소비자가 되는 첫걸음이야!

6 공평하지 못하다고 느낄 때

3장 세상을 이해하는 사회가 보이는 질문

엄마는 왜 동생에게만 빵을 두 개 주는 거예요?! 이건 정말 불공평해요!

너는 아까 점심을 많이 먹었잖니!

사람들은 이렇게 억울할 때 어떻게 행동했을까?

옛날에는 여자에게 투표권을 주지 않았대. 또, 피부색이 다르다고 화장실을 못 쓰게 할 때도 있었다고!

요즘 세상은 옛날보다는 많이 좋아졌지만, 그래도 아직 곳곳에 차별이 있어. 공평한 세상을 만들기 위해 어떤 노력이 필요할까?

> 나이가 어리다고 투표권을 주지 않는 것은 공평한 일일까?

차별은 누구에게나 상처가 돼

엄마가 동생에게만 간식을 더 줄 때, 키가 작거나 어리다고 놀이에 끼워 주지 않을 때, 너무 억울하고 속상하지? 이렇게 차별당하는 경험은 큰 상처가 돼.

사실 세상에는 나이나 성별, 피부색, 경제적 형편, 국적, 장애 때문에 차별을 겪는 사람들이 아직도 많아. 그런데 놀라운 점은 이런 차별에 맞서 '우리는 똑같이 소중한 사람'이라고 외친 사람들이 있었고, 그 덕분에 세상이 조금씩 달라지고 있다는 사실이야. 차별에 대해서 좀 더 알고 싶다면, 이렇게 질문해 봐.

여성에게 투표권이 없었다는 게 무슨 뜻이지? 피부색이 다르다는 이유만으로 사람을 차별할 수 있을까?

이렇게 구체적으로 질문하면, 지금 우리 생활에서 일어나는 불공평한 일들이 더 분명히 보일 거야. 그런 후, 차별을 줄이기 위해 내가 할 수 있는 일들을 실천해 봐.

❓ 성별에 따른 차별에는 어떤 것들이 있을까?

👑 **질문왕의 비밀 TIP**

어떤 상황이 차별인지 아닌지 헷갈릴 때는 입장을 바꿔 생각해 보면 좋아. "만약 내가 그런 상황에 처했다면 어땠을까?" 하고 질문을 해 보는 거야. 그럼 차별과 평등에 대해 더 깊이 이해할 수 있고, 다른 사람들의 마음을 헤아리는 데도 도움이 될 거야.

3장 세상을 이해하는 사회가 보이는 질문

7 온라인에서 개인 정보를 보호해야 할 때

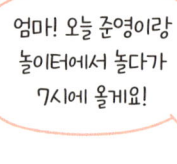

에어프라이어가 내 말을 몰래 듣고 있다고?

개인 정보가 나도 모르게 나쁜 일에 이용될 수도 있어!

맛있는 간식을 바삭하게 만들어 주는 에어프라이어가 내가 하는 얘기를 몰래 듣고 있다면 어떨까? 실제로 영국에서 조사된 사례에 따르면, 몇몇 스마트 가전 제품이 사용자의 대화를 몰래 녹음하고, 그 정보를 온라인에 퍼뜨린 일이 있었다고 해. 정말 믿기지 않지만, 많은 기계가 인터넷에 연결되면서 나도 모르게 개인 정보가 빠져나가는 일들이 일어나고 있어. 그렇다고 스마트 기기를 아예 사용하지 않을 수도 없으니, 내 정보를 안전하게 지킬 방법을 고민하는 것이 무엇보다 중요해!

이 기계가 온라인에 연결되어 있나? 녹음이나 촬영을 어떻게 멈추게 하지? 개인정보를 보호하려면 어떤 설정을 확인해야 할까?

이렇게 명확한 질문을 하다 보면, 온라인 기기를 사용할 때 어떤 부분을 조심해야 할지 알 수 있을 거야.

❓ 스마트 기기를 사용할 때 조심해야 할 일은 뭘까?

👑 **질문왕의 비밀 TIP**

문제를 해결할 때는 구체적인 질문을 통해 답을 찾아가는 것이 현명해. 단순히 "어떻게 하지?"라고 생각하는 것보다 "내 정보는 어떻게 빠져나가는 걸까?", "어떻게 하면 개인 정보를 보호할 수 있을까?"처럼 작은 질문을 만드는 게 좋아.

질문 노트   질문은 어떻게 하는 것인가요?

질문은 잘 모르는 사람이 하는 것이라고 생각하기 쉽지만 그렇지 않아요. 관련 내용을 잘 듣고 이해한 사람이 질문도 잘 할 수 있어요. 또 질문은 누구나 할 수 있어요. 수업에 참여한 사람은 누구나 선생님에게 질문할 수 있고, 자기 자신에게 질문할 수도 있어요. 다음 예시를 통해 알아볼까요?

> 지금은 국어 시간이에요. 선생님이 날씨에 어울리는 옷차림을 설명하고 있어요.
>
> "봄과 가을에는 어떤 옷을 입을까요? 아침저녁은 쌀쌀하고 낮에는 따뜻하니 때에 따라 얇은 겉옷을 입을 수 있지요. 여름에는 날씨가 더우니 반소매를 입을 거예요. 겨울에는 얇은 옷을 여러 벌 겹쳐 입어 보온 효과를 높여요. 날씨에 어울리는 옷을 입읍시다."

선생님의 설명을 듣고 궁금이는 고개를 갸웃했어요. 여름에는 에어컨, 겨울에는 히터를 틀기 때문에 선생님이 말한 옷차림이 꼭 알맞지는 않으니까요. 날씨에 따라서 옷을 입어야 한다는데 도대체 그 기준이 무엇인지 알기 어려웠어요.

궁금이는 날씨에 따른 옷차림이 정해져 있다는 것에 의문이 생겼어요. 방송이나 잡지에서는 여름에 두꺼운 털옷을, 겨울에 얇은 반소매를 입는 사람을 본 적도 많았으니까요. 그런데 왜 선생님은 계절에 따라 옷차림이 다르다고 말했을까요? 이런 내용이 의문인 궁금이는 선생님에게 질문을 했어요.

　꼭 선생님이 아니더라도 여러분은 많은 사람에게 다양한 질문을 할 수 있어요. 누군가는 당연하다고 생각하는 것도 의문이 든다면 질문해야 해요. 그러면 그 호기심의 씨앗이 자라나 열매를 맺고 새로운 것을 알려 줘요. 이게 바로 창의성이 싹트는 과정이랍니다.

질문은 지식을 얻고 대답을 찾아가는 과정이에요. 또 그 과정에서 새로운 것을 찾아 기존의 질서를 바꿀 수도 있어요. 세상에 대해 나만의 멋진 대답을 찾고 싶다면, 지금부터 열심히 질문하는 연습을 해 보세요!

최고의 질문왕 되기

문제를 분석하고 해결하고 싶을 때 좋은 질문을 하면 해결의 실마리를 줘요. 질문은 문제 해결 과정의 시작이에요. 그 과정을 효율적으로 만들기 위해서 우리는 언제든 질문할 수 있어야 하지요. "어떤 점이 어렵지?", "무엇이 문제일까?", "왜 이런 일이 생겼을까?" 이렇게 질문하면, 문제의 진짜 이유를 더 잘 알 수 있어요. 문제의 핵심을 정확히 파악하면 문제를 해결하는 데 필요한 자료나 예시, 방법을 찾는 데 집중할 수 있어요. 그렇게 하나씩 분석해 보면 멋진 해결 방법이 떠오른답니다.

위대한 발견은
항상 질문에서
시작된다.

- 칼 세이건 -

4장

친구와 친해지는
공감 능력을 키우는 질문

4장 친구와 친해지는 공감 능력을 키우는 질문

1 하고 싶은 놀이가 각자 다를 때

친구의 생각을 먼저 들어 봐

> 차분히 생각을 나누면 어려운 일도 금방 해결돼.

서로서로 목소리를 높이면서 자기 의견만 말하면 모두의 생각을 모을 수 없어. 이럴 때는 침착하고 객관적으로 '주장의 근거'를 물어봐야 해. 명확한 근거를 찾을 수 있다면, 친구들의 다툼도 빠르게 정리할 수 있거든.

서로 생각이 다른 친구와 이야기할 때는 친구의 마음을 귀 기울여 들어야 해. 그래야 친구의 답답하고 억울한 마음도 잘 이해할 수 있으니까.

지금 방법이 싫은 이유가 뭐야? 그렇다면 다른 방법을 알려 줄래?

이렇게 친구에게 질문해 볼 수도 있어. 혼자 생각하기만 해서는 다른 사람의 마음을 분명하게 알기 어려워. 오해가 생겨 곤란한 상황을 겪을 수도 있지. 질문을 통해 친구와 생각을 나누면 금세 좋은 해결 방법을 찾게 될 거야.

❓ **네가 정말 불편하게 생각하는 게 뭐야?**

👑 **질문왕의 비밀 TIP**

친구들은 언제나 '자기 입장'에서 먼저 설명해. 또 진짜 말하고 싶은 것은 따로 있지만 말하지 못하고 주변 친구들이 자기 맘을 알아 주길 기다리는 친구도 많아. 그럴 때는 서로의 마음을 물어보며 대화를 통해 해결책을 찾아봐!

4장 친구와 친해지는 공감 능력을 키우는 질문

2 친구의 경험을 듣고 싶을 때

엄마 생신에 어떤 선물을 드려야 할지 모르겠어….

다른 친구들은 무슨 선물을 했는지 한번 물어봐!

좋은 힌트가 될 거야!

맞아, 얼마전에 민지가 엄마 생신 선물을 드렸다고 했어!

친구의 이야기를 들으면 나도 힌트를 얻어 마음에 드는 선물을 고를 수 있을 거야.

다른 사람의 경험은 좋은 힌트가 돼

너무 꼬치꼬치 묻기보다는 꼭 알고 싶은 내용만 순서대로 물어봐!

어떤 것이든 쉽게 선택하는 친구도 있지만, 생각이 많아서 무언가를 빨리 결정하지 못하고 한참 고민하는 친구도 있을 거야. 만약 자신이 이런 성격이라면 '다른 사람들의 생각이나 경험'을 많이 들어보는 게 좋아. 다른 사람의 경험에는 배울 것이 많으니까 말이야.

예를 들어 부모님께 어떤 선물을 드려야 할지 고민이 될 때 나와 비슷한 고민을 했던 친구가 어떤 선택을 했는지, 그 선택의 결과가 어땠는지 물어봐. 여러 친구에게 물어보면 그만큼 많은 대답이 모여 나의 선택을 도와줄 거야.

이렇게 다른 사람의 경험을 물어볼 때는 생각을 잘 떠올릴 수 있도록 '순서대로 질문'하는 게 좋아. 무엇을, 언제, 어떻게 샀는지, 선물을 받은 부모님이 얼마나 좋아하셨는지 등을 차근차근 물어보면 돼.

❓ 곧 우리 엄마도 생신인데, 너는 엄마 생신 때 어떤 선물을 했어?

👑 질문왕의 비밀 TIP

첫 질문이 두루뭉술하면 내가 원하는 답을 얻기 힘들어. 질문이 길어져서 친구가 싫증을 낼 수도 있지. 이럴 때는 '첫 번째, 두 번째, 세 번째'처럼 내 상황을 순서대로 전달해 봐. 그러면 친구가 쉽게 생각을 정리하고 더 좋은 답을 줄 거야.

4장 친구와 친해지는 공감 능력을 키우는 질문

3 친구가 내 마음을 알아주지 않을 때

내 마음이 소중한 것처럼 친구의 마음도 다치게 해서는 안 돼.

내 마음을 알아주지 않아서 서운해!

새학년 새학기가 되면 지금까지 만나지 못했던 새로운 친구들도 많이 만나게 돼. 만약 새로 만난 친구와 친하게 지내고 싶어서 편지를 썼는데 소홀하게 취급하는 것을 본다면 어떨까? 내 마음이 무시당하는 것 같아서 서운하거나 원망스러울 거야.

그럴 때는 다음에 또 이런 일이 일어나지 않도록 내 기분을 확실하게 말하고, 편지를 함부로 다룬 이유도 친구에게 살짝 물어봐. 대신 짜증을 내거나 큰 목소리로 따지듯이 말해서는 안 돼. 친구와 친해지고 싶은 내 마음을 전하고 싶어서 편지를 쓴 거니까, 친구에게 강요할 수는 없어. 가장 좋은 방법은 처음 편지를 줄 때 답장을 줄 수 있는지 물어보는 거야. 그러면 친구도 잊어버리지 않고, 내 편지를 잘 챙길 거야.

❓ 너와 친해지고 싶어서 편지를 썼어. 내 편지를 읽고 답장해 줄래?

👑 **질문왕의 비밀 TIP**

답장으로 친구의 마음이나 생각을 알 수 있다면 정말 좋지만, 강요하는 것처럼 말하면 부탁을 받는 친구도 마음이 편하지 않을 거야. 무언가를 부탁할 때는 친구의 생각을 먼저 물어보는 것이 좋아!

4장 친구와 친해지는 공감 능력을 키우는 질문

4 친구를 위로하고 싶을 때

오늘따라 민재의 표정이 안 좋아 보이네.

다른 사람의 기분을 이해하고 싶은 감정을 '공감'이라고 해.

민재가 기분이 안 좋다면 내가 위로해 주고 싶어.

민재야, 혹시 오늘 무슨 일 있었어?

사실 아침에 엄마한테 혼났지 뭐야.

진지한 마음으로 친구에게 무슨 일이 있는지 물어보는 게 제일 좋아!

친구의 표정이 마음에 걸려

오늘따라 민재가 말이 없고 표정도 어두워 보여. 그런데 뭐라고 말해야 할지 몰라 그냥 지나쳤다면, 친구의 마음을 알아차릴 기회를 놓친 걸 수도 있어.

다른 사람의 기분을 알아채고 이해하려는 마음을 '공감'이라고 해. '나도 그런 기분이 어떤지 알아.' 하고 마음으로 함께해 주는 거야. 공감은 다른 사람과 마음을 나누는 첫걸음이야. 친구에게 어떤 질문을 하면 공감을 더 잘할 수 있을까?

오늘 기분 괜찮아? 무슨 일 있었던 거야?

이처럼 상대방이 마음을 열 수 있는 질문을 해 봐. 그리고 친구가 말할 때는 끝까지 잘 들어주는 게 중요해. 친구의 감정을 섣불리 판단하지 말고, 고개를 끄덕이며 공감하는 태도로 경청해 줘.

공감을 잘하면 친구와 더 가까워질 수 있어. 네가 누군가의 마음을 알아주는 사람이 된다면, 친구들도 너를 더 믿고 좋아하게 될 거야.

진지한 마음으로 친구에게 무슨 일이 있는지 물어보는 게 제일 좋아!

❓ **오늘 얼굴색이 어두워 보여. 혹시 무슨 일 있니?**

👑 **질문왕의 비밀 TIP**

공감은 무조건 잘해 주는 게 아니야. 상대방의 기분을 있는 그대로 받아들이는 것부터 시작해. "기분이 안 좋아 보이네.", "그랬구나, 속상했겠다." 같은 따뜻한 말로 상대방을 위로할 수 있어.

4장 친구와 친해지는 공감 능력을 키우는 질문

5 친구와 갈등이 생겼을 때

도대체 내가 뭘 그렇게 잘못했지? 현수가 너무한 거 아냐?

온종일 기분이 안 좋아. 혹시 현수도 나를 이해하지 못할까?

혼자 고민하지 말고 현수와 속시원히 대화해 보는 게 어때?

혹시 아까 모둠 활동에서 내가 한 행동에 기분이 나빴니?

실은 과학시간에 나도 실험을 진행하고 싶었거든. 그런데….

친구와 싸우고 나면 마음이 복잡해

친구와 놀다가 말다툼이 생길 때도 있고, 대화를 하지 않아 오해만 커질 때도 있어. 마음속에 서운함, 화, 오해, 자존심 등 여러 감정이 뒤섞여서 점점 더 말하기가 어려워져. 하지만 갈등이 생겼다고 무조건 속상해하거나 친구를 미워할 필요는 없어. 갈등을 통해 친구와의 우정이 더 돈독해지기도 하거든. 중요한 것은 다툰 뒤에 어떻게 말하고, 행동하는지야. 만약 알 수 없는 이유로 친구가 감정이 상했거나 멀게 느껴질 때는 이렇게 물어보자.

혹시 내가 네 기분을 상하게 했니?

서로의 입장을 말해 보면서 어떻게 문제를 해결할 수 있을지 함께 방법을 찾아가는 거야. "다음에는 우리 이렇게 하자.", "그때는 미안했어." 이렇게 진심을 나누면 금세 다시 사이좋은 친구가 될 수 있어.

❓ **나에게 화가 난 이유를 말해 줄래?**

👑 **질문왕의 비밀 TIP**

갈등이 생겼을 때는 '누가 맞고 틀렸는지'보다는 '서로 어떤 마음이었는지'에 집중하며 질문해 봐. 내가 먼저 사과한다고 절대 지는 게 아니야. 진심 어린 말 한마디로 더 단단한 우정을 쌓을 수 있어!

4장 친구와 친해지는 공감 능력을 키우는 질문

친구의 진짜 속마음이 궁금할 때

진짜 마음을 알아주는 친구가 되기

나보다 더 나를 잘 아는 친구가 되어 줄래?

친구가 이유도 없이 "나 오늘은 그냥 갈래."라거나 "이따 공원에 가자."라고 말할 때, 속으로 '갑자기 왜 그런 말을 하지?' 하고 궁금했던 적 있지? 그럴 때는 잠깐 멈춰서 친구의 말 속에 숨겨진 단서를 찾아봐.

예를 들어 "점심을 많이 먹었어.", "공원에 가자." 이 두 문장을 이어 보면, 배불러서 운동하고 싶은 마음이 느껴지지 않아?

이렇게 겉으로 보이는 말 뒤에 숨은 뜻을 찾아보는 걸 '추리'라고 해. 추리란 알고 있는 것을 바탕으로 아직 모르는 것을 미루어 짐작하는 거야. 우리도 말과 행동 속에서 친구의 속마음을 찾아낼 수 있어!

그러니 "갑자기 왜?"라고 질문하는 대신 이렇게 말해 봐.

배불러서 좀 걷고 싶은 거야? 공원에 가면 상쾌한 기분이 들 것 같지?

이렇게 친구의 마음을 먼저 짐작해서 말해 주면 더 즐겁고 친근하게 대화할 수 있어.

❓ 친구의 진짜 속마음은 뭘까?

👑 질문왕의 비밀 TIP

누군가의 말이 이해되지 않을 때는 '왜 이런 말을 했을까?' 하고 앞뒤 말에서 단서를 찾아봐. 직접 말하지 않아도 표정, 말투, 상황 속에 진짜 마음이 숨겨져 있을 거야.

7 친해지고 싶은 **친구가 있을 때**

4장 친구와 친해지는 공감 능력을 키우는 질문

함께 좋아하는 것을 찾아볼까?

친해지고 싶은 친구에게 어떻게 다가가면 좋을지 몰라 고민했던 적이 있을 거야. 처음에 어떤 주제로 이야기를 시작해야 할지, 갑자기 다가가면 부담스러워하는 것은 아닌지 걱정되지?

관심을 갖는 일을 관심사라고 해!

아직 어색한 친구와 좀 더 가까워지고 싶을 때는 질문이 필요해. 질문을 하면 그 사람에 대해 더 자세히 알게 되고, 또 내가 친해지고 싶어 하는 마음도 표현할 수 있어. 질문을 하기 전에는 먼저 그 친구의 관심사를 알아보면 좋아. 요즘 어떤 일에 관심을 가지고 있는지 살펴보는 거야. 그리고 친구의 관심사 중에 나와 겹치는 것이 있는지 비교해 봐.

공통된 관심사를 발견했다면, 그 안에서 이야깃거리를 찾아보자. 그 분야의 핵심 내용이나 새로운 소식으로 대화를 이끌어가면 즐겁게 이야기를 주고받을 수 있어. 이렇게 하면 친구와 금세 가까워질 거야!

❓ 너도 이 가수를 좋아하는구나! 어떤 노래가 가장 좋아?

👑 질문왕의 비밀 TIP

친구와 더 많이 이야기하고 싶다면 새로운 질문을 해 봐. 다양한 주제로 이야기를 나누다 보면 친구에 대해 더 잘 알게 될 거야. 단, 빨리 가까워지고 싶은 마음에 한꺼번에 너무 많은 질문을 하면 친구가 당황할 수 있으니 한 가지씩 천천히 질문해 보자!

4장 친구와 친해지는 공감 능력을 키우는 질문

8 나와 다른 친구가 낯설게 느껴질 때

서로의 문화를 이해하고 존중해

> 언어, 풍습, 학문, 예술, 종교도 모두 문화야.

생활 습관이나 사고방식이 나와 다른 친구를 보고 당황했던 경험이 있니? 때로는 이해가 되지 않거나 이상하다고 생각할 수도 있어.

이럴 때는 상대방이 어떤 환경에서 살아왔고, 어떤 문화와 생각을 가지고 있는지 물어봐. 그 사람이 살아온 모습을 이해하면, 그가 하는 말과 행동을 이해하는 데 도움이 될 거야.

무엇보다 질문을 통해 경험과 생각을 나누면 문화적 차이를 좁힐 수 있어. 또 여러 문화를 공부하고 이해하면 세상을 보는 눈이 달라져.

이때 한 가지 주의할 점이 있어. 질문을 하기 전에 다양한 문화를 인정하고 존중하는 태도를 지녀야 해. 나와 다르다고 해서 무조건 틀리거나 나쁘다고 여기는 것은 옳지 않아. 그러면 상대방에게 깊은 상처를 줄 수 있거든. 우리의 문화가 소중한 만큼 다른 사람의 문화도 소중히 여길 줄 알아야 해!

❓ 인도에서는 손으로 음식을 먹는 특별한 이유가 있을까?

👑 질문왕의 비밀 TIP

우리는 환경에 따라 서로 다른 언어를 쓰고 다른 음식을 먹어. 그래서 내가 가볍게 뱉은 말도 다른 문화의 사람에게는 예의 없게 들릴 수 있어. 오해가 생기지 않도록 그 사람의 문화에 대해 먼저 알아보는 게 좋아.

4장 친구와 친해지는 공감 능력을 키우는 질문

9 친구와 약속을 할 때

도서관에 함께 가고 싶었다면?

미나가 수현이와 도서관에 같이 가고 싶었다면, 수현이에게 "오늘 시간 괜찮아? 나와 도서관에 같이 갈래?"라고 물었어야 해. 미나는 자기가 궁금한 내용만 수현이에게 물었어. 수현이가 오늘 방과후에 아무 일이 없다는 사실만 확인했거든. 이처럼 질문을 어떻게 하느냐에 따라 더 가까워질 수도, 혹은 오해가 생길 수도 있어.

> 열린 질문을 하는 습관을 들이면 더 많은 정보를 알게 돼.

"그렇지?", "맞지?", "아니지?" 같은 닫힌 질문을 하면 대부분 '응'이나 '아니'와 같은 짧은 대답만 돌아와. 그래서 친구가 무슨 생각을 하고 있었는지, 왜 그렇게 행동했는지 알기 어려워.

반대로 **오늘 어떤 일이 있었던 거야? 그때 기분이 어땠어?**처럼 열린 질문을 하면 상대방이 자신의 이야기를 더 자세히 말할 수 있게 돼. 그러면 상대방의 상황을 정확히 알고 서로 편안한 시간에 약속할 수 있어.

❓ 오늘 학교 끝나고 시간 괜찮아? 도서관에 같이 갈래?

👑 **질문왕의 비밀 TIP**

친구와 대화할 때, 질문 하나로 분위기를 바꿀 수 있어. 무심코 던지는 짧은 질문 대신, 생각을 이끌어내는 질문, 마음을 열 수 있는 질문을 해 봐. 그러면 오해는 풀리고 우정은 더욱 깊어질 거야.

질문 노트 — 자신 있게 질문할 수 있나요?

좋은 질문을 하려면 우선 자신이 어떻게 말하고 있는지 알아야 해요. 인공지능을 통해 내 질문이 어떤지 확인해 볼까요? 선생님이 말한 챗GPT를 써도 좋고, '뤼튼'이나 '네이버 클로바'처럼 다양한 인공지능 도구를 써도 좋아요. 단, 인공지능을 사용할 때는 늘 부모님과 함께하길 바라요.

먼저 인공지능에 여러분의 질문을 적어 넣으면 얼마나 좋은 질문인지 자세히 알려 줘요. 그리고 내용을 조금씩 바꾸면서 더 완성도 높은 질문을 만들 수 있어요. 이렇게 질문을 활용해 인공지능 친구와 차근차근 대화를 나누다 보면, 앞으로 어떻게 질문해야 할지 자세히 알 수 있을 거예요. 다음 '질문을 잘하는 방법'을 함께 살펴보고 연습해 봐요.

✅ 좋은 질문이란 뭘까?

선생님이 인공지능에 이렇게 물어보았어요.

'어떻게 하면 좋은 질문을 할 수 있어?'

그랬더니 인공지능은 대부분 이렇게 대답했어요.

AI답변 좋은 질문은 간단하고 구체적이면서 쉽게 읽을 수 있어야 해. 또 '왜?'나 '어떻게?'처럼 다른 사람이 조금 더 생각할 수 있는 질문이면 좋아. 질문 후에는 상대방의 답변을 진심으로 경청하고, 그 내용을 바탕으로 추가 질문을 던지거나 의견을 나누면 더 좋은 대화가 돼.

질문을 잘하기 위해서는 무엇보다 상대방의 이야기를 끝까지 경청하는 태도가 필요해요. 질문은 말하는 것이 아닌 듣기부터 시작된다는 것을 꼭 기억해요.

✅ 언제 질문해야 할까?

질문하는 방법을 알았다면, 이번에는 어떤 때에 질문해야 하는지도 한번 알아볼까요? 언제 질문하는 게 좋을지 인공지능에 물었더니 이렇게 말했어요.

AI답변 선생님이 말해 준 내용을 정확하게 알고 싶을 때나 토의할 때, 친구들의 생각을 더 잘 이해하고 싶을 때, 내 말을 친구가 잘 이해했는지 물어보고 싶을 때 질문하는 것이 좋아. 창의력이 필요하지 않은 간단한 질문만으로 충분해!

이렇듯 질문은 어떤 것을 더 확실히 알고 싶을 때 해요. 질문을 할 때 가장 중요한 것은 궁금한 것을 망설이지 않고 바로 물어볼 수 있는 용기랍니다.

✅ 내 질문은 좋은 질문일까?

내 질문이 좋은 질문인지 확인하고 싶을 때 인공지능에 물어볼 수 있어요. 인공지능은 좋은 질문 체크리스트를 제공하고, 좋지 않은 질문의 특징도 알려 준답니다. 그 리스트를 보고 질문한 목적이 명확한지, 질문이 구체적인지, 상대방의 대답을 얼마나 잘 끌어냈는지 확인해요. 이처럼 인공지능을 활용해 나만의 질문을 다듬어 나갈 수 있어요.

✅ 창의적인 질문은 어떻게 할까?

창의적인 질문은 다른 사람이 하지 못한 생각을 끌어내는 질문이에요. 예를 들면, 이렇게 질문할 수 있어요.

"만약 20년 뒤에 환경 오염이 해결된다면 삶의 어느 부분에서 가장 큰 변화가 생길까?", "우리가 이 장난감을 팔아야 한다면 어떻게 해야 할까?"

이처럼 상상력을 자극하고 당연하게 여겼던 것을 다른 관점에서 생각할 수 있게 해 주는 질문이에요. 이런 복잡하고 창의적인 질문을 만들면, 비판적 사고력을 키우고 시야를 넓힐 수 있어요.

평소보다 한 발짝 더 나아가 나만의 색다른 질문을 던져 보세요! 꾸준히 연습하다 보면 더 좋은 질문에 조금씩 다가갈 수 있어요.

최고의 질문왕 되기

    누군가의 생각을 알고 싶을 때 질문하는 것만큼 좋은 방법은 없어요. "넌 어떻게 생각해?", "그때 기분이 어땠어?" 하고 물어보면 상대방은 자기 생각과 마음을 이야기해 줘요. 우리가 귀 기울여 잘 들어주면, 말하는 사람도 더 편하게 이야기할 수 있지요.

    다른 사람의 생각을 궁금해하는 마음, 바로 호기심이 있어야 대화가 더 즐겁고 따뜻해져요. 나와 다른 생각을 가진 사람과 이야기하다 보면, 내 생각이 한쪽으로만 치우치지 않아요. 대화는 서로의 생각을 나누며 함께 성장하는 멋진 행동이랍니다.

질문을 할 줄
아는 것이
지혜의 절반이다.

- 아랍 속담 -

★ 5장 ★

내 감정과 친해지는
마음이
튼튼해지는 질문

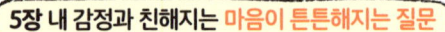

1. 아무 이유 없이 짜증이 날 때

"아, 짜증 나!"

"숙제를 해야 하는데 집중이 안 돼."

"왜 숙제에 집중이 안 되고 기분이 좋지 않을까?"

"'짜증 나'라고만 말하면 진짜 너의 기분을 알 수 없어. 지금 왜 기분이 안 좋은지, 그 이유가 무엇인지 자신에게 질문해 봐!"

"맞아, 오후에 친구들 앞에서 크게 넘어졌어. 그 생각이 자꾸 떠오르니 창피하고 기분이 안 좋아져."

괜히 짜증이 날 때는 내 마음에게 물어봐

가끔 특별한 이유 없이 짜증이 나거나 화가 날 때가 있어. 예를 들어, 일어나기 싫은데 일어나야 할 때, 또는 좋아하는 반찬이 없어서 밥 먹기가 싫을 때가 있지. 이런 감정은 누구나 경험하는 자연스러운 느낌이야. 하지만 이런 순간을 단순히 '짜증이 난다'라고만 표현하면, 그 감정의 진짜 원인을 알기 어려워. 이럴 때는 스스로 몇 가지 질문을 던져 봐.

왜 이렇게 짜증이 날까? 지금 내 몸 상태는 어떻지? 피곤하거나 배고프지는 않나? 최근에 스트레스를 받은 일이 있었나?

이렇게 자신에게 질문해 보면, 감정의 원인을 더 정확하게 이해할 수 있어. 실제로 짜증이 많이 나는 것은 컨디션이 좋지 않다는 마음의 신호야. 스트레스가 쌓이거나 피로가 누적되면 작은 일에도 쉽게 짜증이 날 수 있거든. 자기 감정을 표현하는 방법을 배우는 것은 매우 중요해. 부모님이나 친구에게 "오늘은 기분이 좀 안 좋아."라고 솔직하게 말하는 것만으로도 마음이 한결 가벼워질 거야.

❓ 지금 이렇게 짜증이 나는 진짜 이유는 뭘까?

👑 **질문왕의 비밀 TIP**

감정이 복잡할 때 자신의 감정을 글로 적어 보면 더 객관적으로 살펴볼 수 있어. 그 과정에서 마음이 정리되고, 자신을 더 잘 이해할 수 있지. 글을 활용하면, 말로 표현하기 어려운 감정도 쉽게 풀어낼 수 있다고!

5장 내 감정과 친해지는 마음이 튼튼해지는 질문

2 잃어버린 물건을 찾지 못해 **초조**할 때

잃어버린 물건을
질문으로 찾아봐!

차분하게, 기억을 따라가 볼까?

급하게 필요한 물건을 어디에 두었는지 기억이 안 날 때는 정말 초조할 거야. 다른 때보다 시간이 더 빨리 흐르는 것만 같고, 눈앞에 있는 물건도 잘 보이지 않지. 이럴 때일수록 흥분하지 않고 침착하게 생각해야 해. 잃어버린 물건을 찾을 때는 내 행동을 돌아보는 게 좋아. 그리고 질문하는 거야.

평소에 그 물건을 주로 어디에 두었지?

이렇게 차근차근 질문하다 보면 쉽게 찾을 수 있어. 단, 나에게 하는 질문만으로 답을 찾기 어렵다면, 주위 사람들에게도 물어봐. 가족이나 친구에게 내 상황을 솔직하게 말하고 도와줄 수 있는지 질문하는 거야. 내가 최선을 다했다면 다른 사람의 도움을 받는 것은 부끄러운 일이 아니야.

❓ **마지막으로 그 물건을 사용한 장소는 어디지?**

♛ 질문왕의 비밀 TIP

머릿속으로만 생각하면 알고 있던 것도 놓칠 수 있어. 그럴 때는 나의 첫 단서(또는 생각)부터 뻗어 나가는 마인드맵을 그려 보면 내 생각을 알아보기 쉽게 정리할 수 있어. 만약 마인드맵이 어느 한 부분에서 끊겼다면, 그 부분에서 뭔가를 잃어 버렸을 가능성이 커!

5장 내 감정과 친해지는 마음이 튼튼해지는 질문

3 내 말이 무시당하고 있다고 느낄 때

우리는 누구나 존중받아야 해

가끔 어른들이 어린이의 말을 무시하거나, 의견을 충분히 말하지 못하게 막는 경우가 있어. 그럴 때 우리는 무시를 당한 기분이 들어. 이럴 때 꼭 알아야 할 말이 바로 '인권'이야. 인권이란 모든 사람이 존중받고, 자유롭게 살아갈 권리를 말해. 우리나라도 헌법에서 모든 사람의 인권을 지켜야 한다고 약속하고 있어. 그래서 누군가가 나를 차별하거나 내 의견을 억지로 막는다면 내 인권을 침해한 거야. 그럴 때는 이렇게 질문해 봐.

내 생각이나 의견을 자유롭게 표현할 수 있었나? 내 의사와 상관없이 어떤 일을 강요당했나?

이와 관련해서 친구들과 뉴스나 책에서 본 이야기로 인권에 대해 대화를 나누어 보는 것도 좋아. 그러다 보면 내 권리뿐만 아니라, 친구의 권리도 소중하게 여길 수 있는 마음이 자라나게 돼.

❓ **좋아하는 것을 자신 있게 말하는 것도 인권을 지키는 행동일까?**

👑 **질문왕의 비밀 TIP**

인권은 거창한 말 같지만, 내가 나답게 살 수 있는 기본적인 약속이야. "내가 하고 싶은 말을 해도 괜찮을까?", "이건 모두에게 공평한 걸까?" 이렇게 질문해 보면, 내 안의 정의감과 존중의 씨앗이 쑥쑥 자라날 거야!

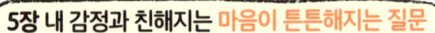
5장 내 감정과 친해지는 마음이 튼튼해지는 질문

4 감기에 걸렸을 때

왜 나는 계절이 바뀔 때마다 감기에 걸릴까?

아침저녁으로 일교차가 커서 감기에 걸리기 쉬워진 거야.

감기에 걸리지 않으려면 어떻게 해야 할까?

먼저 왜 감기에 걸리는지 알아야겠지?

면역력을 키우거나 건조한 공기를 피해 봐!

감기는 대체 왜 걸리는 걸까?

환절기에는 아침에 패딩을 입었다가, 점심에는 땀을 뻘뻘 흘릴 만큼 더울 때도 있어.

하루 중 기온이 오르락내리락하는 차이를 '일교차'라고 해. 요즘은 일교차가 무려 10도, 많게는 15도 이상이나 벌어질 때도 있대. 그런데 이렇게 날씨가 계속 변하면 꼭 감기에 걸리는 친구들이 있어. 감기에 대해 알고 싶다면 이런 질문을 해 보자.

일교차가 크면 감기에 더 잘 걸리는구나!

요즘 왜 감기에 걸린 친구가 많을까? 날씨랑 감기랑 무슨 관계가 있을까?

우리 몸속에 있는 '점막'이 갑작스러운 온도 변화에 약하기 때문에 일교차가 커지면 코와 목 안쪽이 건조해져. 그래서 감기 바이러스가 몸속에 쉽게 들어올 수 있는 환경이 만들어지는 거야. 이렇게 원인을 찾는 질문을 하면 해결책을 찾는 질문으로 이어져. 그래서 따뜻한 물을 자주 마시고, 아침저녁으로는 따뜻하게 입는 습관을 들이면 감기 예방에 큰 도움이 된다는 사실을 알게 될 거야!

❓ 일교차와 감기는 무슨 상관이 있을까?

👑 질문왕의 비밀 TIP

질문은 단서처럼 써야 해. '왜 그런 걸까?', '어떻게 하면 좋아질까?' 이 두 가지를 반복하다 보면 숨은 원인을 찾고, 똑똑한 해결책도 만들 수 있어.

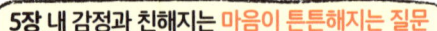

5장 내 감정과 친해지는 마음이 튼튼해지는 질문

5 부모님의 뜻이 이해되지 않을 때

> 부모님은 늘 우리가 건강하고 행복하길 원하셔.

부모님의 생각을 물어봐

나와 반대로 생각하시는 부모님 때문에 속상하고 답답했던 기억이 있을 거야. 내 의견에는 항상 반대만 하시는 것 같고, 하려는 것은 전부 못하게 막는 것처럼 느껴질 때도 있어. 먹기 싫은 채소 반찬을 먹으라고 하실 때나, 보고 싶은 영화를 보지 못하게 하실 때 '왜 항상 안 된다고만 하실까?' 하는 서운한 생각이 들어. 하지만 그럴 때 부모님의 마음을 성급하게 짐작하고 판단하면 오해가 생길 수 있어. 반대로 무조건 시키는 대로만 하면 내 의견을 잊은 채 부모님의 생각대로만 움직이게 돼. 그러니까 부모님의 의도를 직접 물어보는 것이 중요해.

왜 반찬을 골고루 먹어야 해요? 왜 이 영화를 보면 안 되나요?

이런 질문을 통해 부모님이 어떤 생각으로 그렇게 말씀하셨는지 분명하게 알 수 있고, 불필요한 오해도 사라져. 또 나와 부모님의 생각이 어떻게 다른지도 알 수 있어.

❓ **골고루 먹는 것을 중요하게 생각하시는 이유는 뭐예요?**

👑 **질문왕의 비밀 TIP**

'왜'를 아는 것도 중요하지만 '어떻게'도 매우 중요해. 어떻게 하면 하기 싫은 숙제를 열심히 할 수 있을지, 아이돌 콘서트에 가려면 어떻게 해야 하는지 등 부모님과 대화로 일상의 문제들을 풀어 나가 봐.

5장 내 감정과 친해지는 마음이 튼튼해지는 질문

6 해야 하는 일과 하고 싶은 일이 다를 때

고민될 때는 내 목표를 떠올려 봐

우선순위를 정하면 중요한 일을 놓치지 않아.

계획한 일이 있는데 친구가 놀러 가자고 하면 정말 고민이 될 거야. 이런 순간에는 침착하게 목표를 되새기며 중요한 일을 우선적으로 선택해야 해.

이루고 싶은 목표를 떠올린 뒤에 **어떤 일을 먼저 해야 할까?** 스스로 질문하고 이유를 찾는 거야. 그런 다음에는 각각 선택지의 장점과 단점을 따져 보는 거지. 예를 들어, 매일 글을 한 편씩 쓰는 것이 목표라면 글을 먼저 써야 해. 하지만 글을 쓰다 보면 친구와 놀지 못할지도 몰라. 반대로 지금 친구와 노는 것이 중요하다면, 글쓰기는 나중으로 미루어지겠지?

이처럼 어떤 것을 선택해야 할지 논리적으로 헤아리면 옳은 판단을 할 수 있어. 그 과정에서 자연스럽게 우선순위가 정해져 시간을 효율적으로 사용하는 데도 도움이 될 거야.

❓ 내가 세운 목표를 이루려면 지금 무엇을 해야 할까?

👑 **질문왕의 비밀 TIP**

목표가 자세하고 명확할수록 합리적인 선택을 하는 데 도움이 돼. 단순히 '숙제를 하는 것'이라고 두루뭉술하게 목표를 세우기보다는 '내일 학교에 가기 전까지 숙제를 마치기'처럼 구체적으로 정해 봐!

5장 내 감정과 친해지는 마음이 튼튼해지는 질문

7 다수의 의견과 내 의견이 다를 때

소수의 목소리도 중요해

학교에서 반장 선거를 하면 후보로 나선 친구들이 각자의 공약을 이야기해. 우리는 그 말을 듣고 가장 잘할 것 같은 친구에게 소중한 한 표를 행사해. 이렇게 투표하는 것을 '선거'라고 해. 어른들도 우리나라의 대통령, 국회의원을 선거를 통해 뽑아. 누구나 똑같은 한 표를 가지고 참여하는 것이 바로 민주주의의 중요한 원칙이야.

하지만 선거가 항상 모두를 만족시킬 수 있을까? 내가 지지한 후보가 떨어지면 속상하기도 하고, 친구들이 뽑은 반장이지만 나는 마음에 들지 않을 수 있어. 그럴 때는 이렇게 질문해 보자.

선거는 왜 꼭 필요한 걸까? 과연 모두의 의견이 반영되고 있을까?

이런 질문을 통해 다수결 원칙과 지금의 선거 제도에 대해 깊이 생각해 볼 수 있어. 사실 다수결로 결정하더라도, 소수의 생각을 귀 기울여 듣는 것이 진짜 민주주의야. 다른 의견 속에 우리가 놓친 중요한 문제가 숨어 있을 수도 있으니까!

❓ **다수의 의견이 항상 옳을까?**

> 👑 **질문왕의 비밀 TIP**
>
> 선거를 할 때는 "누가 이겼을까?"를 보는 게 아니라 "왜 이 친구를 뽑았을까?", "떨어진 친구의 생각도 소중한 걸까?" 하고 질문해 봐. 그 순간 진짜 민주주의 시민이 되는 첫걸음을 떼는 거야!

질문 노트 · 내 질문 수준을 알아봐요!

좋은 질문을 하기 위해서는 우선 자신의 질문 수준을 알아야 해요. 질문을 자세히 분석해 주는 사이트를 하나 소개할게요.

> **질문 분석 사이트 : 애스크스마일 (Ask SMILE)**

위 사이트에 접속하면 바로 질문을 입력할 수 있어요. 질문을 입력하면 인공지능이 내 질문이 어느 수준인지 단계별로 알려 줘요. 조건에 따라 질문을 바꿔 가며 입력하면 좋은 질문이 무엇인지 배울 수 있어요. 지금부터 인공지능이 판별한 1~5단계의 질문을 살펴보며, 그 차이가 무엇인지 생각해 보세요.

✅ 1단계 : 질문을 잘하는 방법은 뭘까?

Ask a question
With the help of GPT, your question will be evaluated on a rubric from Level 1 to Level 5 aligned to Bloom's Taxonomy

질문을 잘하는 방법은 뭘까?

[Submit question]

AI답변 이 질문은 1단계에 해당합니다. 특정 기술에 대한 단순한 조언을 구하고 있습니다. 좋은 질문은 정확하고 간결하며 구체적이어야 합니다. 맥락을 제공하고, 올바른 문법과 구조를 사용합니다. 비판적 사고와 깊이 있는 논의를 유도하는 개방형 질문을 하는 것이 좋습니다. 응답을 적극적으로 듣고 피드백을 수용하는 자세도 질문 기술 향상에 도움이 됩니다. 연습이 완벽을 만듭니다. 계속해서 질문을 하고 질문을 다듬어 나가세요.

✅ 2단계 : 어떤 상황에서 질문해야 분위기를 흐리지 않으면서 적절한 답을 얻을 수 있을까?

Ask a question
With the help of GPT, your question will be evaluated on a rubric from Level 1 to Level 5 aligned to Bloom's Taxonomy
어떤 상황에서 질문해야 분위기를 흐리지 않으면서 적절한 답을 얻을 수 있을까?

Submit question

AI답변 이 질문은 2단계 수준의 질문입니다. 주로 지식의 이해와 적용에 중점을 둔 질문입니다. 이 질문은 특정 예시를 요구합니다. 일상 대화에서 질문을 자제해야 할 순간과 질문이 중요하고 적절한 순간을 구분하는 것이 필요합니다. 또한, 효과적으로 질문을 하기 위해 적절한 키워드를 구성하는 방법을 생각하는 것도 포함됩니다. 이 질문은 다양한 상황에서 질문의 필요성을 구분하는 개념을 회상하고 이해하는 것입니다. 복잡한 분석, 평가 또는 창의성을 요구하지 않으므로 2단계에 해당합니다.

✅ 3단계 : 일상 대화에서 질문을 참아야 할 때와 질문이 꼭 필요한 순간을 분별하고, 그에 합당한 키워드를 정리해 질문할 수 있는 기술은 무엇일까?

Ask a question
With the help of GPT, your question will be evaluated on a rubric from Level 1 to Level 5 aligned to Bloom's Taxonomy

일상대화에서 질문을 참아야 할 때와 질문이 꼭 필요한 순간을 분별하고, 그에 합당한 키워드를 정리해 질문할 수 있는 기술은 무엇일까?

Submit question

AI답변 이 질문은 3단계 수준의 질문입니다. 이 질문은 질문이 필요한 상황과 그렇지 않은 상황을 판단하기 위해 상황을 분석하고 평가하는 것을 요구합니다. 효과적인 의사소통과 문제 해결에서 언제 질문을 자제하고 언제 질문을 해야 하는지 구별하는 능력이 필수적입니다. 적절한 키워드를 조직하고 맥락을 이해함으로써 상황에 맞는 질문을 만들고 효과적으로 관련 정보를 추출할 수 있습니다.

✅ 4단계 : <초등 똑똑한 질문법>에서 사용된 질문법의 장단점을 구분하고, 질문의 방법을 구체적으로 평가 및 설명하려면 어떻게 해야 할까?

Ask a question
With the help of GPT, your question will be evaluated on a rubric from Level 1 to Level 5 aligned to Bloom's Taxonomy

<초등 똑똑한 질문법>에서 사용된 질문법의 장단점을 구분하고, 질문의 방법을 구체적으로 평가 및 설명하려면 어떻게 해야 할까?

Submit question

AI답변 이 질문은 4단계 수준입니다. 좋은 질문을 하기 위해서는 명확하고 간결하며 구체적이어야 합니다. 맥락을 제공하고, 올바른 문법과 구조를 사용하며, 비판적 사고와 깊이 있는 논의를 유도하는 개방형 질문을 하는 것이 좋습니다. 응답을 적극적으로 듣고 피드백을 받아들이는 자세도 질문 기술 향상에 도움이 됩니다. 연습이 완벽을 만들기 때문에 계속해서 질문을 하고 접근 방식을 다듬어 나가세요.

✅ 5단계 : 새로운 질문 방법을 만들어 보고, 그 설정 이유를 알려줘.

Ask a question
With the help of GPT, your question will be evaluated on a rubric from Level 1 to Level 5 aligned to Bloom's Taxonomy
새로운 질문의 방법을 만들어보고, 그 설정 이유를 알려줘.

Submit question

AI답변 창의적 질문을 만들기 위해서는 불확실한 상황과 조건부 구조를 포함한 사고를 자극하는 시나리오를 제시해야 합니다. 이 기준을 충족하기 위해 다음과 같은 질문을 할 수 있습니다. "만약 고급 AI 시스템이 각 학생의 고유한 학습 스타일과 속도에 맞춰 학습 경험을 개인화할 수 있다면, 이는 교육과 학생 성과의 미래를 어떻게 혁신할 수 있을까요?"

뛰어난 질문을 만들기 위해서는 창의성과 질문에 대한 깊은 이해가 필요합니다. 위에 제시된 것처럼 복잡하고 창의적인 질문을 통해 비판적 사고 능력을 향상시키고 시야를 넓힐 수 있습니다. 질문 능력의 한계를 넘어 깊고 변혁적인 질문을 탐구해 보세요. 고차원적 사고 질문을 개발하는 데 전념하면 새로운 통찰력과 혁신적인 해결책을 찾는 데 도움이 될 것입니다. 혁신적인 질문 방법을 탐구하는 훌륭한 노력을 계속해 주세요.

최고의 질문왕 되기

　비슷한 상황에서 다른 사람들은 어떻게 했는지 살펴보면 새로운 아이디어가 떠오르기도 해요. 문제를 해결하려고 어떤 노력을 했는지 생각해 보고, 그 일이 잘 안 된 이유가 무엇인지도 함께 살펴봐요. 실패했다고 끝이 아니에요. 실패한 까닭을 제대로 알고 그때와 다르게 행동해 보면 더 좋은 방법을 찾을 수도 있어요.

　예를 들어 우리 가족에게 생긴 문제를 함께 고민하고 서로의 생각을 나누다 보면 새로운 관점이 생겨요. 또한, 누군가의 조언을 잘 듣고, 그걸 문제 해결에 다시 반영하면 더 나은 방법을 떠올릴 수도 있답니다.

질문은
미지의 세계로
가는 문이다.

- 마르셀 프루스트 -

★ 6장 ★

꿈과 목표를 세우는
미래를 만드는 질문

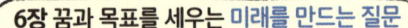

6장 꿈과 목표를 세우는 미래를 만드는 질문

  내 꿈을 몰라 의욕이 사라졌을 때

> 내 꿈을 찾는 과정은 정말 멋진 일이야!

꿈은 질문에서부터 시작돼

TV 속 연예인이나 유명한 사람들을 보면 어릴 때부터 '하고 싶은 일'을 찾았다는 사람이 많아. 그런 이야기를 들으면 아직 하고 싶은 일을 찾지 못한 내가 불안할 수도 있어. 하지만 지금 당장 내가 무엇을 하고 싶은지 몰라도 괜찮아. 처음에는 누구나 세상에 어떤 일이 있는지, 자신에게 맞는 일은 무엇인지 잘 모르니까.

만약 처음부터 나에게 어울리는 일을 찾고 싶다면, 다른 사람에게 이렇게 물어보는 게 어때? 의외로 자기가 무엇을 좋아하는지 스스로 잘 모를 때가 많으니까 말이야.

내가 가장 즐거울 때가 언제인 것 같아?

그러면 다른 친구보다 잘하는 일이나 자신 있게 할 수 있는 일, 재미있게 할 수 있는 일이 무엇인지 알 수 있을 거야. 그 일들 중 이것저것 시도하면서 적성을 찾아봐.

❓ 내가 가장 열심히, 잘 했던 일은 뭐지?

👑 질문왕의 비밀 TIP

내가 뭘 좋아하는지 정말 모르겠다면, 평소에 '어? 이거 정말 재미있네?'라고 느낀 것들을 사진으로 찍어 저장해 둬. 시간이 지난 뒤에 그 사진들을 다시 보면서 가장 흥미로워 보이는 것을 고르면 돼.

6장 꿈과 목표를 세우는 미래를 만드는 질문

2. 내가 좋아하는 것을 알고 싶을 때

나는 커서 무슨 일을 할까?

"너는 커서 뭐가 되고 싶어?"라고 누가 물었을 때, 대답하기 어려웠던 적 있어? 아직 해본 것도 많지 않고, 뭐가 좋은지도 잘 모르겠는데 갑자기 꿈을 말하라고 하면 막막한 기분이 들지.

너무 성급하게 꿈을 찾지 않아도 돼. 아직 시간이 많거든!

하지만 걱정하지 마. 꿈이 있는 사람도 있지만, 그렇지 않은 사람도 있어. 오늘은 꿈이 없었지만 내일은 생길 수도 있지. 나에게 딱 맞는 꿈을 찾으려면 먼저 지금 내가 좋아하는 일, 자주 하는 일, 잘하는 일이 뭔지 하나하나 찾아보는 게 중요해. 내가 좋아하는 일과 잘하는 일 사이에 내 꿈의 실마리가 숨어 있지!

나에게 꼭 맞는 일을 찾아봐

다양한 직업을 찾아보고, 그 직업이 하는 일을 자세히 살펴봐. 기회가 된다면 하나씩 체험해 보는 것도 좋아. 그러면 "이 일은 나와 잘 맞는 것 같은데?" 하고 내 안의 새로운 가능성을 발견할 수도 있어. 하지만 무엇보다 중요한 것은 스스로 선택하고 결정하는 경험을 해 보는 거야. 누가 대신 정해 주는 게 아니라, 스스로 궁금해하고 알아보는 과정 속에서 진짜 내 꿈이 조금씩 자라나는 거지. 또 내가 관심 있는 직업을 가진 어른들에게 직접 물어보는 것도 좋은 방법이야.

이 일에서 가장 재미있는 점은 뭔가요? 이 일을 하려면 어떤 준비가 필요한가요? 이 일을 하며 어떤 보람을 느끼나요?

 이렇게 질문해 보면, 그 사람의 이야기 속에서 힌트를 얻을 수 있지. 나랑 잘 맞는 길을 찾고 싶다면, 다른 사람의 경험을 경청하면서 내 마음속 질문을 키워 보는 거야!

❓ 내가 좋아하는 미술 관련 직업은 어떤 게 있고, 장단점은 뭘까?

👑 **질문왕의 비밀 TIP**

꿈을 찾고 싶을 때는 '내가 좋아하는 것'과 '잘하는 것'이 만나는 순간을 잘 살펴봐. 그러다 보면, 어느 날 문득 내 꿈의 모양이 보일 거야.

6장 꿈과 목표를 세우는 미래를 만드는 질문

3 오늘보다 더 나은 내가 되고 싶을 때

"오늘 친구랑 다툰 것만 생각하면 가슴이 따끔따끔해져."

"오늘 너의 행동이 많이 아쉽다면, 내일은 어떻게 행동하면 좋을지 생각해 봐."

"내일 내가 먼저 친구에게 다정하게 말을 걸 거야!"

"그래! 이렇게 오늘의 일을 반성하고 더 나은 내일을 계획하면, 넌 더 멋진 아이가 될 거야."

끄덕

마음이 따끔할 때는 나를 돌아봐

> 마음이 불편할 때는 하루를 돌아보며 자신에게 질문해 봐.

친구와 별일 아닌 것으로 다투었거나, 부모님의 말씀을 듣지 않고 괜히 화만 냈을 때, 선생님 말씀을 듣지 않아 혼이 났을 때 온종일 마음이 찜찜하고, 가슴이 따끔따끔할 때가 있어. 그럴 때는 자꾸 '내가 왜 그랬지?' 하고 지난 일을 후회하게 돼. 그런 감정이 들면 그냥 넘기지 말고, 오늘을 돌아보는 기회로 삼는 것은 어때?

오늘 내가 한 말이나 행동 중에 아쉬운 점은 없었는지, 다시 같은 상황이 온다면 어떻게 다르게 행동할 수 있을지 생각해 보는 거야. 이런 생각을 '반성'이라고 해. 반성은 꼭 혼났을 때만 하는 게 아니야. 더 멋진 사람이 되기 위해 스스로 내 하루를 돌아보는 일이야.

내가 오늘 기분 나쁘게 말하지는 않았나? 친구 마음을 좀 더 먼저 생각할 수는 없었을까?

이렇게 질문해 보면 나답지 않게 행동했던 일들을 되돌아볼 수 있어. 그리고 다음에 그런 상황이 생겼을 때는 조금 더 나은 행동을 하게 되겠지?

나를 성장하게 하는 질문을 해 봐

어제보다 오늘, 오늘보다 내일 더 나은 내가 되려면, 하루가 끝난 뒤에 나에게 이렇게 물어보자.

오늘 가장 좋았던 일은 뭐지? 오늘 새롭게 배운 것이 뭐지?

이런 질문을 생각하면서 일기를 써 보는 것도 좋은 방법이야. 질문을 많이 할수록 나를 더 잘 알게 되고, 점점 더 멋진 사람으로 자랄 수 있을 거야.

❓ **내일은 어떻게 하면 더 좋은 하루가 될까?**

> 👑 **질문왕의 비밀 TIP**
>
> 하루를 돌아볼 때는 '잘한 점'과 '고치고 싶은 점'을 함께 생각해 보자. 그리고 실수한 일이 떠올라도 자신을 너무 미워하지 말고, "내일은 더 잘해 볼 수 있어!" 하고 다짐해 봐. 작은 변화가 쌓이면, 언젠가는 큰 나무처럼 자라나 있을 거야.

4 올바른 습관을 만들고 싶을 때

6장 꿈과 목표를 세우는 미래를 만드는 질문

정리 습관, 어디서부터 시작할까?

일단 눈에 보이는 것부터 치워 볼까?

　물론 방청소를 해야 한다는 건 알지만, 이상하게 스스로 하기가 힘들어. 누가 시켜서 억지로 하면 더 하기 싫어지고 말이야. 그런데 방이 어지러우면 마음도 복잡해져서 공부를 해도 집중이 잘 안 될 수 있어. 이럴 때는 청소를 완벽하게 하기보다는 '작은 것부터 해 보자'라는 마음으로 할 수 있는 것부터 시작해 봐.

　예를 들어, 책상 위 연필부터 정리하고, 그다음에는 종이, 그다음에는 가방, 그렇게 한 가지씩 정리하는 거야. 정리를 시작하면 생각보다 기분이 좋아져. 단정한 공간은 마음도 깨끗하게 해 주거든. 그리고 이렇게 작은 행동들이 쌓이면, 그게 바로 좋은 습관이 되지!

　올바른 습관을 잘 만들기 위해서는 혼자서 생각만 하지 말고, 주변 사람에게 조언을 구하는 것도 좋은 방법이야.

❓ **지금 가장 쉽게 할 수 있는 정리정돈은 뭘까?**

👑 **질문왕의 비밀 TIP**

습관은 하루아침에 만들어지지 않아. '오늘은 하나만 하자!'라는 마음으로 시작해 봐. 그리고 부모님이나 친구에게 내 모습을 보여 주고 이야기를 들어 보는 거야. 혼자보다 함께하면 훨씬 힘이 나니까!

> 6장 꿈과 목표를 세우는 미래를 만드는 질문

직업에 대해 궁금할 때

> 우리가 물건을 사는 데 쓰는 돈은 어디에서 나올까?

엄마 아빠는 왜 매일 아침 출근하실까?

우리 주변 어른들은 대부분 일을 해. 선생님은 우리에게 지식을 알려 주고, 마트에서 일하는 분은 물건을 정리하고 계산을 하며, 빵집 사장님은 맛있는 빵을 굽지! 이렇게 자신의 역할을 가지고 일하는 것을 '직업'이라고 해. 그리고 사람들이 직업을 통해 돈을 벌고, 그 돈으로 필요한 물건을 사거나 나누는 활동을 '경제 활동'이라고 하지.

부모님이 회사에서 일하고 받은 돈으로 우리는 밥도 먹고, 옷도 사고, 학원도 다닐 수 있어. 이렇게 가족이 생활할 수 있도록 돕는 돈은 단순한 숫자가 아니라, 사회를 이어 주는 연결 고리야! 즉 회사는 사람을 뽑고, 그 사람은 열심히 일해서 돈을 받아. 그 돈은 가족을 위한 생활비로 쓰이지. 우리 주변 경제 활동에 좀 더 호기심을 가지면, 이런 직업과 사회의 관계를 자세히 이해할 수 있어.

❓ 만약 일이 없다면, 우리 생활에 어떤 어려움이 생길까?

👑 질문왕의 비밀 TIP

직업을 그냥 '돈 버는 일'이라고만 생각하면 안 돼. 모든 직업은 누군가를 돕고, 세상을 움직이게 하는 소중한 역할을 해. "이 직업은 누구에게 어떤 도움을 줄까?" 이렇게 질문하는 습관을 가지면, 더 똑똑하게 경제를 이해할 수 있어.

6장 꿈과 목표를 세우는 미래를 만드는 질문

6 무엇을 먼저 해야 할지 모를 때

스스로 시간을 관리해 봐!

"숙제는 나중에 하고, 지금은 그냥 조금만 쉴까?"

할 일을 먼저 끝내면 나중에 더 신나게 놀 수 있어!

누구나 한 번쯤 이렇게 생각해 본 적이 있어. 재미있는 일은 지금 당장 하고 싶고, 해야 할 일은 왠지 나중으로 미루고 싶거든. 그런데 숙제를 미루면 미룰수록 마음 한쪽이 찜찜하고, 놀면서도 자꾸 신경이 쓰이지? 결국에는 제대로 놀지도 못하고 숙제도 하지 못하게 돼.

성공한 사람들의 공통점 중 하나가 바로 '시간을 스스로 조절할 줄 안다'는 거야. 지금 하고 싶은 일과 꼭 해야 할 일을 잘 구분하려면 스스로 이렇게 질문해 봐.

어떤 일을 먼저 해야 하지? 무엇이 더 중요할까?

이렇게 나에게 질문을 하며 생각을 정리하면, 놀 때는 진짜 마음 편히 놀 수 있고, 해야 할 일도 훨씬 수월하게 끝낼 수 있어. 마음을 조절하고, 할 일을 스스로 선택하는 힘은 질문하는 것에서부터 자라나.

❓ **지금 꼭 먼저 해야 할 중요한 일이 뭐지?**

👑 **질문왕의 비밀 TIP**

어른들이 시키니까 무조건 '숙제부터 해야지'가 아니라, '지금 내가 원하는 것은 무엇이고, 필요한 것은 뭘까?' 하고 스스로 물어보면 놀고 싶은 마음도, 해야 할 일도 더 똑똑하게 정리할 수 있어. 좋은 질문은 나를 성장하게 도와주는 최고의 습관이야!

6장 꿈과 목표를 세우는 미래를 만드는 질문

7 마음먹은 목표를 지키지 못할 때

> 한번 목표를 세웠으면 꼭 이루어 보자!

작심삼일을 이겨 내는 질문의 힘

새해나 새학기가 시작할 때 스스로 목표를 정했지만, 끝까지 지키기 힘들 때가 많았지? 아무리 단단히 마음 먹고 목표를 정해도 왜 항상 작심삼일로 끝나는 걸까?

그럴 때는 목표에 대해 생각하며 끊임없이 이 목표를 왜 세웠는지 질문해 봐. 만약 '책 한 권 다 읽기'를 목표로 세웠다면 매일 이렇게 질문하는 거야.

내가 이 목표를 왜 세웠지? 하루에 몇 쪽씩 읽으면 좋을까? 오늘은 언제 책을 읽을까? 목표를 지키기 위해 하루 일과를 바꿔 볼까?

그렇게 하나씩 질문하면 흐트러진 마음도 정리되고, 조금씩 다시 목표를 향해 나아가게 돼. 마치 질문이 방향을 안내하는 나침반처럼 느껴질 거야. 목표는 정하는 것도 중요하지만, 계속 질문하며 나를 점검하는 게 더 중요하다는 사실을 잊지 마.

❓ **처음에 내가 이 목표를 세운 이유가 뭘까?**

👑 질문왕의 비밀 TIP

목표를 정해 놓고도 잘 안될 때는 아직 해결해야 할 질문이 남아 있다는 뜻이야. "왜 이걸 하고 싶었지?", "조금씩 바꿔 보면 뭐가 나아질까?"처럼 스스로 질문을 던지면 자기 자신에게 제일 좋은 선생님이 될 수 있어!

질문 노트   질문으로 새로운 생각이 시작돼요!

질문을 하고, 그 질문의 답을 듣고 나면, 우리는 모든 과정이 끝났다고 생각해 만족감이 들어요. 하지만 질문에 대한 답을 얻었다고 '끝'이라고 생각하면 안 돼요. 질문을 하는 것은 새로운 생각을 불러오는 '시작'이라는 점을 기억하세요.

앞서 우리는 계절에 맞는 옷차림에 대해 이야기를 나누었어요. 만약 여러 사람에게 궁금한 것을 물어본다면 다음과 같을 거예요.

이러면 질문하는 상대에 따라 각각 다른 답을 얻게 될 거예요. 그리고 나면 그때부터 생각은 시작되지요. 계절마다 옷차림이 다르다는 점을 알고, 계절에 따라 어떤 옷을 입을지도 생각해 보게 돼요. 그러면 앞으로 옷을 살 때 쓰임과 필요에 따라 구매하게 될 거예요. 이렇게 질문에서 시작한 생각이 내 일상의 행동에 영향을 주어야 해요. 그래야 질문이 비로소 그 의미를 다하게 돼요.

꼬리에 꼬리를 무는 질문

질문하고 처음 답을 들었을 때는 표면적인 이해에 머무를 수 있어요. 하지만 '아, 계절마다 옷이 다르구나!' 하는 생각에서 멈추지 말고, 그 질문과 답을 곰곰이 생각해 보세요. 자신이 가지고 있던 배경지식과 연결하거나 새로운 정보를 찾으면서 생각의 폭을 넓혀 가요. 또한, 답을 무조건 받아들이기보다는 그 답이 올바른지 따져 보고, 근거는 확실한지, 한계는 없는지 비판적으로 생각해 봐요. 무조건 답을 받아들이기보다 답을 바탕으로 새로운 아이디어를 만들어 보면 더 좋답니다.

예를 들면, 내가 가지고 있던 옷에서 새로 사지 않고도 계절에 맞게 입는 방법을 찾아보는 거예요. 이렇게 질문과 답을 활용하고 확장시켜 나가는 연습을 꾸준히 해 보세요. 다음 방법을 따라 한다면, 그 방법을 쉽게 익힐 수 있을 거예요.

첫째, 답을 요약해 보기

질문을 통해 들은 답을 나의 말로 요약하며 정리해 보세요. 이해된 부분과 부족한 부분이 쉽게 정리가 돼요.

둘째, 추가 질문 만들기

답을 듣고 떠오르는 궁금증으로 다른 질문을 만들어 보세요.

셋째, 다른 관점에서 생각하기

답과 전혀 다른 방향에서 생각해 보세요. "계절에 따라 옷차림이 꼭 달라져야 할까?" 하고 질문해 보세요. 그러면 계절의 변화에 대해서 다양한 관점에서 생각할 수 있어요.

넷째, 관련 사례나 경험 연결하기

나는 계절에 따라 어떻게 옷을 다르게 입는지, 계절에 맞지 않는 옷 때문에 곤란했던 적이 있는지 떠올리며 생각을 정리해 보세요.

인공지능이 정말 빠른 속도로 발전하고 있어요. 궁금증이 생기자마자 해결되는 세상이지요. 그런데 그럴수록 '생각의 힘'이 필요해요. 질문하고 답을 찾는 것에서 멈추면 안 된답니다. 그 질문에 대해 깊이 있게 생각해야 해요. 누구나 쉽게 정보나 정답을 찾을 수 있지만, 넘쳐나는 정보 중에서 정말 가치 있는 것이 무엇인지 판단하는 것은 우리의 몫이에요. 답을 그대로 받아들이지 않고 내 상황에 적용해 보면, 자기만의 해석과 판단을 통해 기존의 틀을 깨는 창의적인 생각을 만들 수 있답니다.

"정말 이 답이 맞을까? 더 나은 방법은 없을까?"

끊임없이 이어지는 생각을 통해 우리는 성장할 수 있어요. 질문이 끝나는 순간, 진짜 생각이 시작된다는 것을 명심하세요!

최고의 질문왕 되기

질문은 용기에서 시작돼요.

"혹시 이상한 질문이면 어쩌지?", "내가 모른다는 것을 들키면 어떡해?"

이런 마음 때문에 질문을 참는 경우가 있어요. 하지만 질문은 결코 창피한 게 아니에요. 질문하는 사람은 새로운 것을 배우려는 사람이니까요.

모르는 것을 그냥 넘기기보다는 "이건 무슨 뜻일까?", "조금 더 자세히 알고 싶어!" 하고 물어보는 사람이 진짜 똑똑한 사람이지요.

질문은 내가 알고 싶은 것을 향해 용기 내어 한 걸음 다가가는 일이에요. 듣고, 생각하고, 궁금한 점을 꺼내는 과정이 바로 멋진 질문의 시작이지요. 질문을 많이 할수록 생각이 자라고, 생각이 자랄수록 문제를 더 잘 해결할 수 있답니다.

어린이들에게

　챗GPT와 같은 인공지능과 대화하다 보면 놀라운 경험을 할 수 있어요. 무엇을 어떻게 질문하느냐에 따라 대답이 정말 많이 달라지지요. 알고 싶은 것을 구체적으로 콕 집어서 물어보면 바르게 대답해 줘요. 그 대답에 대해, 꼬리에 꼬리를 무는 질문을 하면 더 자세한 이야기를 들을 수 있어요.

　선생님은 인공지능이 검색을 통해 필요한 자료를 찾고, 그것들을 짜임새 있게 연결 지어 우리에게 알려 주는 것이 놀랍고 신기했어요. 정말 똑똑하다고 생각했지요. 그런데 챗GPT를 계속 사용하다 보니 인공지능을 똑똑하게 만드는 것은 다름 아닌 사람이라는 생각이 들었어요.

인공지능이 훌륭한 대답을 할 수 있는 것은 사용자가 똑똑하게 질문했기 때문이거든요. 질문에 따라 우리는 더 좋은 답을 얻을 수도 있고, 엉터리 같은 답을 얻을 수도 있어요. 그만큼 질문하는 능력이 중요하다는 뜻이지요.

《초등 똑똑한 질문법》에는 미래를 살아갈 어린이 여러분에게 꼭 필요한 질문 방법을 담았어요. 지금까지 선생님이 준비한 질문법을 재미있게 읽었나요? 다양한 상황 속에서 무엇을, 어떻게 질문해야 하는지 익혔다면 이제 실천할 차례예요. 알기만 하는 것은 의미가 없어요. 직접 말하고 행동해야 배운 것이 진짜 나의 것이 된답니다. 어떤 질문이라도 좋으니 시작해 보세요. 그 질문이 끊임없는 호기심을 불러일으키고, 어떤 질문이든 겁내지 않고 멋지게 해낼 수 있는 힘을 줄 거예요. 이 책을 통해 무엇이든 자신 있게 질문할 용기를 얻기 바랍니다.

우리 아이들은 왜 질문을 어려워할까요? 내 질문이 틀리지는 않았는지, 또 상황에 맞지 않는 엉뚱한 질문을 하면 비난받지는 않을지 두렵기 때문입니다. 이런 두려움은 학교와 가정에서 아주 작은 계기로 생겨나 금세 몸집을 부풀립니다. 순수한 궁금증과 호기심에 질문했는데 "그건 올바른 질문이 아니야."라거나 "무슨 그런 질문을 하니?"라고 하면 아이들은 마음에 큰 상처가 됩니다. 그리고 점점 더 질문을 꺼리게 되지요.

　아이들이 질문을 두려워하지 않고 궁금한 것을 기꺼이 물을 수 있도록, 이제부터는 아이들의 질문을 두 팔 벌려 환영해 주기 바랍니다. 어떤 엉뚱한 질문이라도 경청하고 진심을 담아 대답해 주세요. 부모님의 환대를 받은 아이들은 넘어져도 다시 일어설 수 있는 용기를 얻습니다. 우리 아이들에게 실수하며 배우고 성장할 수 있는 기회를 주세요.

　또, 아이들의 질문이 바뀌기를 기대하기 전에 부모님부터 질문을 바꿔 보기를 권합니다. 질문은 아이들만의 몫이 아닙니다. 단순히 "오늘 학교에서 뭐 했어?"라고 묻는 대신 "오늘 학교에서 무슨 공부를 하고, 친구들과는 무얼 하며 놀았어?"라고 조금 더 구체적으로 물어보는 것입니다.

　함께 책을 읽거나 만화 영화를 본 뒤에는 "네가 이야기의 주인공이라면 어떻게 할래?", "마지막 장면 이후에 어떤 일이 일어날 것 같아?"와 같이 상상의 나래를 펼칠 수 있는 재미있는 질문을 건네는 것도 좋습니다. 부모님의 질문에 대답하는 과정에서 질문의 즐거움을 알게 되고, 사고력과 창의력 또한 자라날 것입니다.

1판 1쇄 인쇄 2025년 7월 7일
1판 1쇄 발행 2025년 7월 14일

글 이현옥·이현주
그림 민그림
발행인 김형준

총괄 김아롬
책임편집 이의정, 박시현, 허양기
디자인 design ko
온라인 홍보 허한아
마케팅 진선재

발행처 체인지업북스
출판등록 2021년 1월 5일 제2021-000003호
주소 경기도 고양시 덕양구 원흥동 705, 306호
전화 02-6956-8977
팩스 02-6499-8977
이메일 change-up20@naver.com
홈페이지 www.changeuplibro.com

ⓒ 이현옥·이현주, 2025

ISBN 979-11-91378-78-8 (73700)

- 이 책의 내용은 저작권법에 따라 보호받는 저작물이므로, 전부 또는
  일부 내용을 재사용하려면 저작권자와 체인지업의 서면동의를 받아야 합니다.
- 잘못된 책은 구입처에서 바꿔드립니다.
- 책값은 뒤표지에 있습니다.

체인지업북스는 내 삶을 변화시키는 책을 펴냅니다.